城乡一体化背景下的农村流通体系研究

马志刚◎著

中国言实出版社

图书在版编目(CIP)数据

城乡一体化背景下的农村流通体系研究 / 马志刚著.
-- 北京：中国言实出版社，2014.7
ISBN 978-7-5171-0680-7

Ⅰ. ①城… Ⅱ. ①马… Ⅲ. ①农村经济—流通体系—研究—中国 Ⅳ. ①F723.82

中国版本图书馆 CIP 数据核字(2014)第 148136 号

责任编辑：谷亚光

出版发行	中国言实出版社	
	地　　址：北京市朝阳区北苑路 180 号加利大厦 5 号楼 105 室	
	邮　　编：100101	
	编辑部：北京市西城区百万庄大街甲 16 号五层	
	邮　　编：100037	
	电　　话：64924853（总编室）64924716（发行部）	
	网　　址：www.zgyscbs.cn	
	E-mail：zgyscbs@263.net	
经　　销	新华书店	
印　　刷	三河市祥达印刷包装有限公司	
版　　次	2014 年 8 月第 1 版　2014 年 8 月第 1 次印刷	
规　　格	710 毫米×1000 毫米　1/16　12.75 印张	
字　　数	212 千字	
定　　价	29.80 元　　　　ISBN 978-7-5171-0680-7	

序

宋则

　　现代流通在中国经济发展中的地位与作用越来越显著。如何通过推进流通现代化，降低流通成本，提高流通效率，调整产业结构和产品结构，讲求经济运行质量，是中国经济发展面临的重大现实问题。国内外实践证明，只有现代化的大流通，才能带动现代化的大生产，而没有流通的现代化，就没有真正意义上的社会主义市场经济，市场在资源配置中"起决定性作用"就难以实现，国民经济的整体素质和运行效率也就不可能得到提高。完善社会主义市场经济体制的过程，就是流通快速发展的过程，不懂得现代流通就不懂得社会主义市场经济。现代流通是提高国民经济运行速度、质量和效益的重要因素，对于扩大内需、促进消费、活跃市场和提高人民群众生活质量，对于解决"三农"问题、缩小城乡差别、扩大就业和保障消费安全，以及实施"引进来"和"走出去"战略，都有着十分重要的作用。

　　本书关注的农村流通问题，是当下现代流通体系建设研究的薄弱环节，更是一个城乡一体化背景下事关经济发展全局的大主题。作者马志刚博士将农村流通体系建设置于城乡一体化大背景下，十分有远见地提出，加快城乡一体化进程，不仅没有让农村流通问题弱化，反而使得问题更加凸现了。认为农村流通体系建设，远远超出了"三农"问题本身，已成为推进城乡一体化进程中的重要动力

1

和突破口。他在马克思主义流通理论、二元结构理论、组织结构理论和渠道权力理论等的基础上，探讨了流通体系的运行机理，从农村流通体系构成要素，即流通主体、渠道、载体以及客体入手，系统分析了农村流通体系运行的内在机制和外在条件，为全文建构了较坚实的理论基础。他对美国、日本等经济发达国家农村流通业的发展历程、主要做法进行了梳理，从构成要素和运行机制的角度总结了这些国家农村流通体系的主要特点和要素效率，与我国现阶段农村流通体系实践进行了深入的比较研究，获得了新的发现。更难能可贵的是，他在书中，重点对农村流通体系的评价指标、运行效率和影响因素进行了分析。分别运用因子分析和定价分析法对农村流通体系所包含的农产品"进城"与工业品"下乡"进行了实证分析。结果表明，近10年来农村流通效率经历了一个快速提升、平稳波动的过程，流通主体、渠道、载体等是流通效率的主要影响因素。

探索农村流通体系建设是一个难度很大的课题，却非常有意义。我国农村流通方式陈旧落后，市场风险巨大，由此造成的直接、间接的实物损耗和价值损失高达30%。假冒伪劣产品的生产和消费70%以上发生在农村，要改善农民的生存条件和农村、农业的发展条件，提高农民收入，就必须建立和完善农村流通网络体系，在彻底改变农村消费"不安全、不方便、不实惠"的同时，使更多农产品以更好的价格、更便利的渠道销售出去。在我国，历来高度重视农业生产，农业投入十分慷慨。"生产的钱舍得花，而流通的钱舍不得花"的观念根深蒂固。这些年，城市的流通也受到了关注，但农村市场怎么搞活还没有作为一个整体来研究，对必要的流通费用问题从来没有受到过应有重视和对待，导致农产品的储运购销资金和基础设施投入也是多有欠缺。而在生产和流通日益融合，市场信息、流通渠道、流通成本等越加成为要害和瓶颈的情况下，农产品的整体效能和供求平衡、市场稳定，农民的增产增收，已经越来越取决于流通的状况。正如作者所说，当前农村流通存在的问题和蕴藏的矛盾，不仅制约着农村经济发展和农村居民生活水平的提升，事关扩大农村消费和国内需求的大局，而且是当前经济社会发展中一系列矛盾和问题的主要症结所在，事关国计民生的长远大计。

本书提出的农村流通体系评价指标、农村流通体系建设的重点和若干建设路径，符合中国实际，从逻辑上也是成立的，具有较强的原创性和开拓性。

马志刚博士是经济日报的资深评论员，也是中央电视台与经济日报"联席评论"与经济日报"新观察"两个专栏的主笔，对中国经济现象有着深入独到的研究与认识，撰写发表了一大批有分量的经济观察文章，提出了不少有价值的政策建议，有的还受到了国家领导人的重视，他还是中国新闻奖评论一等奖的获得者。本书是他在博士论文基础上进一步修改完善所得。愿他继续努力，在中国经济理论与实践探索上做出更多贡献。

2014 年 6 月

（宋则，现为中国社会科学院研究员，中国社会科学院研究生院教授、博士生导师，中国商业经济学会常务理事，中国市场学会常务理事，中国物流学会常务理事，中国物流与采购联合会常务理事，服务经济与餐饮产业研究中心副理事长，全国高等院校商科教学研究会副会长，全国标准化技术委员会委员，南京财经大学、山西财经大学、河北经贸大学客座教授，商务部发展战略规划编制咨询组专家，市场运行调控专家组成员，中国商业联合会专家工作委员会委员。）

目 录

1

第一章

导论

　　随着整个社会生产力水平的提高，社会物质产品的日益丰富，经济全球化的深入发展，流通业发展在现代社会中的重要意义越来越凸显。在某种程度上说，流通业发展在当前市场经济条件下甚至比生产对经济发展更具有决定性意义，它已经不再局限于一个简单产业的范畴，正在成为国与国之间获得经济竞争新优势的关键"筹码"，正在成为全世界资源、财富积聚、中转的核心环节。

　　农村流通体系建设，是整个流通体系建设的重中之重。农村流通存在的问题和蕴藏的矛盾，不仅制约着农村经济发展和农村居民生活水平的提升，事关扩大农村消费和国内需求的大局；而且是当前经济社会发展中出现的一系列矛盾和问题，诸如价格差和提高农民人均收入的主要症结之一，事关国计民生的大计。如何发展好农村流通这个大产业，能否建立完善适合我国国情、引领我国经济发展的现代农村流通体系，对于推动我们国家从"外驱增长"走向"内驱增长"，真正让老百姓富起来，实现中华民族伟大复兴，具有不可估量的作用。

　　纵观新中国60多年、改革开放30多年来的经济史，中国流通体系建设的成就让我们由衷骄傲，经验弥足珍贵。但我们不能不看到，与世界经济发达国家相比、与我国其他产业的发展水平相比，流通业发展的现状不容乐观，产业结构仍待调整，经济的先导作用尚未得到有效发挥；更要看到，如今的中国和30年前、60年前的中国，已经或正在发生这样那样的变化，突出的一个方面就是我们正在从城乡分割走向新的融合，城乡一体化正在成为新世纪经济社会发展的重要趋势和实际行动。城乡一体化的加快并没有让农村流通问题弱化，反而让农村流通体系建设的重要性更加凸现出来。这个大背景，对我们的流通体系建设尤其是农村流通体系建设提出了新的要求和新的挑战，也给我国流通业实现跨越式发展提供了新契机。在这种情况下，农村流通体系面临着什么问题？有着怎样的机遇和挑战？如何在新时期完善农村流通体系？等等，值得我们深入思考、研究。

第一节　农村流通体系研究的意义

城乡一体化进程的加快，不仅没有让农村流通问题弱化，反而使得农村流通问题更加凸现出来。农村流通体系建设，已经远远超出了发展农村流通本身，成为推进城乡一体化进程的重要动力和突破口。

中国是农业大国，农村市场是中国最大的市场，是中国商品市场的基础。研究中国的任何经济问题，都无法完全撇离城乡发展这个最大的实际。而这些年来，中国经济最大的一个变化就是城乡关系正在发生历史性变革，城乡一体化成为中国经济社会发展的必然趋向。

新中国成立以来，我国城乡关系可以分为两个大的阶段，这两个大的阶段也是我国整个经济发展的典型特征，几乎代表了我国各行各业包括农村流通业发展大体的经济环境，影响到了经济运行每个环节。

从新中国成立到2002年党的十六大之前这段50多年的时间里，城乡分割是城乡关系的显著特征，期间实行的是农业无偿支持工业、农村支持城市的政策。在改革开放之前，粮食和农副产品这些生活必需品特别有限，严重缺乏工业发展资金，农村向城市提供服务的形式，基本是通过提供存在巨大价格"剪刀差"的粮食和农副产品，来为城市发展提供低廉生活资料，为工业发展提供低成本生产原料，而农民并不进入城市、工厂。而在1978年至2002年20多年间，粮食和农副产品极度紧缺的时代渐走渐远，高速发展的中国工业对廉价劳动力、资金的需求更加迫切，城市的发展也迫切需要更多的土地空间。因此，在这个时期，农村支持城市的形式已不再局限于传统的"剪刀差"，更主要是通过提供廉价劳动力、廉价土地资源和农村资金存储转移3种方式，为工业和城市的繁荣发展提供强大动力。

事实上，传统的支持方式也正在国家一系列开始倾向于城乡公平的政策措施下，逐步被弱化。也正是由此，农村居民收入随着国家经济的快速发展有了较大提高，城乡之间的发展差距、城乡居民之间的收入差距甚至在上个世纪80年代早期出现了缩小。但整个经济的基调仍是农村服务城市，城乡发展不平衡总的趋势仍在拉大。当然，尽管这里将党的十六大以前的时期都归为城乡分割时期，但改革开放以来的20多年，又明显具有城乡分割向城乡融合过渡的性质。上世纪80年代，中央连续发布的5个1号文件，以放开为特征，充分调动农民积极性，政策措施明显向城乡统筹方向发展。

进入新世纪以来，随着国家经济实力的不断增强，我国已经具备了工业反哺农业、城市带动乡村的能力，过去长期实行的农业无偿支持工业、乡村支持城市的城乡关系，真正受到了挑战。

比较明显的转折点出现在党的十六大。在这次党代会上，我们党和政府首次明确提出统筹城乡经济社会发展的方略，明确提出把统筹城乡经济社会发展作为解决"三农"问题的必须路径，将解决农业、农村、农民问题置于整个社会经济发展优先位置来考量，从而为跳出以农业论农业、以农村论农村、以农民论农民提供了政策支持。

在新世纪的第四个年头，原国务院总理温家宝同志在"两会"上明确提出了逐步减免农业税的计划，并提出大幅增加农村基础教育投入的决定。在这一年举行的中央经济工作会议上，中央明确提出，我国现在总体上已到了以工促农、以城带乡的发展阶段。中央的这些决策，昭示着我国已经步入一个新的城乡关系阶段，更加积极地支持"三农"发展将成为未来社会发展的主要倾向。

基于党和政府对城乡关系的新认识，我国对城乡关系开始着手作出重大调整。在2005年政府工作报告中，温家宝进一步提出，要适应我国经济发展新阶段的要求，实行工业反哺农业、城市支持农村的方针，合理调整国民收入分配格局，更多地支持农业和农村发展。我国城乡关系明显地开始进入另一个阶段，"城市支持农村、工业反哺农业"、"多予、少取、放活"成为指导方针。

时隔2年后的党的十七大再次进一步提出，解决好"三农"问题，事关大局，是全党工作重中之重。提出，要夯实农业基础地位，建立以工促农、以城带乡长效机制。同时，对如何构建城乡经济社会发展一体化新格局进行了周密部署。党的十七届三中全会、四中全会都再次强调，要始终把着力构建新型工农、城乡关系作为加快推进现代化的重大战略。

党的十八大报告进一步强调，"统筹城乡发展"，"城乡发展一体化是解决'三农'问题的根本途径"，"着力在城乡规划、基础设施、公共服务等方面推进一体化"。党的十八届三中全会通过的《中共中央关于全面深化改革若干重大问题的决定》，专门将"健全城乡发展一体化体制机制"作为重要部分提出，并进行了一系列改革部署。

近年来，财政用于"三农"的支出不断增加，到2007年达到1.6万亿元。2010年，中央财政用于"三农"的支出8184亿元。2013年，中央财政用于"三农"的支出合计安排高达1.4万亿元。连续发出的多个"中央1号文件"，在政策导向和资源配置上向农村倾斜。

纵观中国城乡发展历史，我们必须认识到，整个中国经济发展正在进入了一个新的阶段，一个城乡统筹发展的新阶段。这个新阶段具有怎样的特征，会对农村流通业产生什么样的影响？如何建立科学合理的农村流通体系以适应、推动这个新趋势？这些问题的解决，无论是对流通业本身发展，还是对推进城乡一体化进程、建设全面小康社会和社会主义现代化，都具有重要意义。

开展"城乡一体化背景下流通体系建设"这个课题研究的另一个大背景就是农村流通体系建设进入了一个新的亟待改革突破的关键时期。

一方面流通业进入了一个新的发展阶段。尤其是在我国加入WTO后，一个集国有、个人、私营、外资多种所有制结构，大型百货商店、超市、专卖店、便利店等多种业态，连锁代理等多种经营方式共同发展，电视购物、网上购物、邮购等新型购销方式加快发展的新型商业流通格局逐步形成，涌现出一批具有相当规模和国际竞争力的商贸流通龙头企业和主导力量，构建了基本的流通法律法规框架，形成了多业态、多形式、多元化的市场体系，初步建立了具有生机和活力、适应社会主义市场经济发展的商品流通体系，突破了传统的狭隘的供给性的、实物性的有形市场观念，构建了需求引导性、产品和服务并重、有形和虚拟并举的流通关系框架，条块分割的国内市场、城乡市场格局正在被打破。

尽管相对于城市流通市场，农村流通市场发展还相对落后，但这些年来农村流通市场规模不断扩大，初步形成了结构较完善的有形市场网络；新型流通业态不断涌现，连锁经营、物流配送等现代经营方式和小型超市、便利店等经营业态，开始由城市走向农村；商品流通渠道逐步由过去单一型向多元化过渡，市场主体也在向多种所有制、多种经营类型的流通组织发展。

　　另一方面，也要看到中国流通业发展面临着不少冲击和挑战，能否在城乡关系大变革中抓住机遇实现新的飞跃仍存在相当大的不确定性。这种冲击和挑战，一是来自机遇本身。城乡一体化所带来的城乡基础设施一体化、公共服务的均等化，给农村流通业发展带来了新的机遇，长期一直启而不动的农村市场可能会出现重要转机，是否能抓住这个转机提前布局，探索出适合中国城乡特点和发展趋势的农村流通体系，并能实现健康发展，直接决定着未来流通业发展的格局。二是农村流通体系本身发展面临新的课题。建国初期，流通业主要是计划经济体制下依附于工农业的附属产业，其发展程度完全取决于工农业生产需要和国家指令性安排；改革开放以来，流通业作为一个单独的产业被赋予了独立发展的地位，成为与第一、第二产业并行的一个单独的经济部门，在国民经济发展中发挥了重要作用。新时期，买方市场完全建立，城乡关系发生了重大变化，农村流通业如何发挥其先导功能，引领中国进入一个新的增长期，撬动经济增长的内生动力，直接关系到产业本身的发展和经济的持续健康发展。三是国外流通业的挑战。加入世界贸易组织后，国外流通业巨头纷纷进入中国，在大中城市零售业领域成为重要的主导力量，并逐步进入批发领域，有向农村流通市场扩展的迹象，对我国本土流通业发展形成巨大挑战。可以说，流通业发展已经到了一个重要的转折时期。四是农村流通业发展地位越发凸显。在当今市场经济条件下，商贸流通对整个经济运行具有决定性作用，是整个市场经济的基础；而农产品流通是整个商贸流通得以正常运行的基础。包括农产品流通、农业生产资料流通和农村日用工业品流通在内的农村流通，随着城乡一体化进程的加快，地位不仅不会因为城镇化速度加快而削弱，也不会因为农村人口减少而削弱，反而更加凸显，对未来统筹城乡发展的意义更大。

　　研究任何问题都要高度重视问题本身条件的变化，不同的背景下研究问题的着力点不同，得出的结论也不尽相同。纵观整个经济学史，无论是马克思主义经典作家，还是西方经济学的大师，都离不开问题所在的时代条件，或者说问题的提出本来是时代的要求。我们选择城乡一体化背景下农村流通体系建设这个课题进行研究，本身就有这方面考虑：探讨旧环境下农村流通业发展的状况、原因；城乡一体化新形势下农村流通在整个经济格局中的地位与布局、流通产业内部结构、组织方式，从中探求城乡关系变化条件下农村流通体系建设中蕴藏的规律性的东西，发挥其产业先导作用，反过来以流通体系再造弥补市场短板，促进城乡一体化进程加快，引领经济发展进入一个新的层次。

1.对于城乡一体化背景下，如何确定我国农村流通体系的调整、完善方向和相应的流通产业政策，具有重要意义。城乡关系由城乡分割向城乡一体化转变，中国经济由城乡二元经济向一元经济转变，必然会对连接生产和消费的流通环节产生重大影响。在改革开放之前的城乡分割体制下，流通业发展主要是在行政指令性计划下进行，流通的主体、流通客体的种类、物资的流向都由政府计划确定，流通主体的所有制结构多数仅限于全民所有制和集体所有制，农村生活资料和生产资料流通、城市生活资料和生产资料流通都分割在一个相对封闭的空间内进行，农村支持城市通过特定的流通渠道进行。20世纪七十年代末，在不少农村地区开始试行"双包到户"即"包产到户"与"包干到户"，逐步形成了以家庭承包经营为基础、统分结合的双层经营体制。"包产到户"，是将集体的土地承包到户，以农户承包的土地来确定农产品的年产量；农户将农产品如数上缴给集体组织，达到承包时约定的数量，就能从集体组织分配到约定的报酬；产量超过承包时的约定，承包户可从超额部分中获得一定比例的分成。"包干到户"，则是土地承包到户、生产的农产品实行"缴够国家的，留足集体的，剩下都是自己的"，集体组织不再承担统一经营、统一分配的职能，它只是从农户那里按承包土地收取"提留款"，并以此作为集体组织内部进行管理和服务的费用。在这种背景下，承包农户逐渐成为了独立的经营主体，农产品供给迅速增加，个体户和私营经济如雨后春笋，农村和城市间的商品流通进入了一个新的时期。但随着城乡发展的明显分化，我国农村流通内部的一些矛盾和问题也显现出来，流通业布局混乱，各地重复建设严重，买难与卖难同时存在，假冒伪劣、以次充好充斥市场，在不少城乡结合部甚至出现恶性竞争甚至是黑恶势力较力的现象，农村流通与城市流通仍存在明显分割。进入新世纪以来，我国总体上进入工业化中期阶段，随着工业化的推进、城市化的加快，统筹城乡发展已经成为我国的基本战略，城乡一体化已经成为我国经济社会发展的客观要求。与此同时，我国社会主义市场经济的发展和综合国力的增强，维系城乡二元社会结构的经济基础已根本动摇，维护城乡差别的社会环境已根本改变。推进城乡一体化，以新农村建设为着力点，建立互动互补、协调统一的新型城乡关系，实现城乡共同发展，缩小城乡发展差距，成为历史发展的必然要求。在这种情况下，流通业向何处走？如何形成有利于城乡一体化的现代流通体系，使之成为推动和引领城乡一体化进程的重要力量？这是新形势下流通业发展必须面对和解决的重要课题。

2.对于扩大内需紧迫性增强背景下，如何发挥流通产业的先导作用，发掘农村市场巨大潜力，切实增强经济发展的内生动力，具有重要作用。面对着人口红利优势的慢慢消失，在未来相当一段时间内中国经济发展靠什么支撑？1978年以来，进出口在推动我国经济健康运行方面发挥了不可忽视的作用。但国际金融危机告诉我们，仅仅外需不足以依靠，我们必须把目光的焦点转移到内需上来，把扩大内需作为我国经济发展的基本立足点和长期战略方针，着力扩大居民消费需求，努力形成扩大消费需求的长效机制，最终实现消费、投资、出口协调拉动经济增长的局面，这也是调整经济结构的首要任务之一。国内外发展的实践也表明，世界主要国家的经济增长基本都是靠内需来支撑的。2008年，美国、印度的国内需求占全社会总需求的比重都在90%左右。而这一年我国的这个比重远远低于它们。我们一定要看到我们的国情：人口多，地域广，各方面弹性都较大，而且正处于城市化、工业化迅猛发展时期，扩大国内需求尤其是消费需求的空间和潜力，都十分巨大。现在关键的问题是如何扩大内需？

普遍认为，低收入群体的边际消费函数远高于富裕人群。农村蕴藏着巨大的内需潜力，这其实在多少年前就反复提、反复说，但现在已经到了必须选择进和退的十字路口。过去相当长的时间里，由于城乡二元经济体制的存在，农村基础设施落后，商贸企业融资条件差、成本高，消费群体能力弱。但城乡一体化的推进，正在逐步改变这一切。随着更多强农惠农政策的制定和落实，农村社会保障体系的逐步完善，上学、就业、医疗工作机制的进一步健全，农村居民收入将上一个新层次，农村将逐步解除消费原有的后顾之忧，农村消费会迎来一个黄金时期。这个时期，流通业应该发挥什么样的作用？通过什么样的体系机制来优先布局引领农村消费扩大，使经济增长建立在稳固的内需基础之上？这直接关系着我国流通业发展的前途命运。

3.对于经济全球化背景下，如何使本土流通企业抓住城乡发展新形势下农村流通发展的重大机遇，增强国际市场竞争力，具有重要的理论和实践意义。当今世界，经济全球化已经成为一个不可逆转的历史潮流，特别是进入上个世纪90年代以后，这种势头愈加猛烈，国与国之间在经济上的界限越来越模糊，跨国公司利用其庞大的经济规模优势、先发优势、完整的营销网络和高效的管理体系，在全世界范围内形成了一个垄断竞争市场格局。对于流通业来说，对外开放实质上是由商品市场开始的，商贸流通业是开放最早的产业，如今商贸流通业已进入全面开放的新阶段。与沃尔玛等国际零售商业集团相比，中国本土流通企业无论是规模、观念、管理、营销还是服务都相对落后，资金不足、管理人才不足明显，连锁化等现代经营方式发展滞后，缺少全国性的大型流通主体，更缺少具有国际竞争力的大型流通企业集团。中国零售业面临着的冲击和挑战，是客观的，不可避免的，关键在于我们如何面对。城乡一体化给国内外流通企业创造了一个新的平台，一个新的机遇。在这个时期，研究农村流通体系建设，关系到本土流通企业发展壮大的大局，关系到我国的流通业能否走向国际，赢得竞争主动权。

4.对于解决城乡一体化加快背景下日益突出的价格、食品安全等事关人民群众切实利益和经济社会长远发展的重大问题，具有重要意义。改革开放以来，尤其是进入新世纪以来，我国经济社会发展中凸现出来的诸多热点、难点问题，都与农村流通密切相关。以价格为例，2003年前后，我国进入了新一轮通货膨胀期，给人民生活带来了相当大的负面影响；国际金融危机之后，我国国内又出现了继2003年之后又一轮通胀，CPI、PPI指数上涨加快，蔬菜、水果乃至绿豆、大蒜等农产品价格飙升，至今势头不减。这两次通胀与国际通胀大环境相关，但最主要根源于我国流通体系尤其农村流通体系不健全，现有流通体系不仅不能有效地实现城乡供需的对接，反而为价格炒作、成本上升提供了"避风港"和"繁衍地"。同样，随着城乡联系日益紧密和城乡商品流动性的加快，食品安全问题凸现，如对奶业影响深远的"毒牛奶"事件和"瘦肉精"事件。这些问题出现，归根结底也是因为农村流通体系建设没有跟上城乡一体化的步伐。

5.对于促进农民增收，推进新农村建设和城乡一体化进程，具有重要意义。进入新世纪以来，尤其是党的十六大以来，我国经济的重心开始由城市向农村转移，农村经济社会发展受到了前所未有的关注，新农村、城乡一体化等一系列重大战略提出，并付诸实施。但从实际效果看，这些重大战略并没有应有的预期效果，城乡差距出现反复现象。据国家统计局网站公布的数据计算显示，1983 年我国城乡居民人均收入比约为 1.8∶1，但后来又逐步拉大，2009年扩大到 3.33∶1。从绝对差距来看，1992 年差距突破千元大关，达到 1242.6元，2009 年达到 12022 元。要注意到，这种城乡居民收入差距不断扩大的情况，与我国国民经济 20 多年持续快速增长，人均收入水平突破 1000 美元，初步达到小康水平基础形成巨大反差。2002 年，我国的 GDP 总值超过 12.03 万亿元，人均 GDP 达到 9398 元人民币，折算成美元已经跨进中等收入国家行列。2010 年，我国成为世界第二大经济体。2013 年，我国 GDP 升至 56.9 万亿元人民币。2014 年我国经济总量有望突破 10 万亿美元的历史大关。为什么出现这种反复和巨大反差？最主要的原因，是包括新农村建设、城乡一体化在内的诸多重大战略，没有找到一个突破口，通过这个突破口，可以让农业、农村、农民分享到经济社会发展和改革开放的巨大成果，形成农民增收的长效机制。从这个角度讲，在城乡一体化背景下进行农村流通体系建设研究，在流通中探寻有益包括农民在内的高度均衡的利益机制，是件非常值得下功夫去做的工作。

第二节　农村流通体系研究范畴的界定

这里主要涉及农村流通体系、城乡一体化和农村流通效率及相关指标的概念界定。

农村流通体系。关于流通体系的界定，目前还没有统一的说法。但一点是可以公认的，流通产业本身涵盖了流通体系的更多内容。因此，在给流通体系一个明确的界定之前，有必要对流通、流通产业进行客观的阐释。

在流通概念的理解上，不同的研究角度，有着不同的内涵阐释。OEDC 的一项研究认为，流通产业主要包括批发和零售业，批发业的作用在于沟通生产和零售，零售则直接面对消费者。Dishimura 在 1993 年提出，流通产业应该包括批发、零售以及运输业。张声书等人（1999）认为，流通产业是指从事流通活动的经济群体或部门，是第三产业的重要组成部分。郭冬乐等人（1999）认为，流通产业是指与商品流通和商业直接关联，或为商品流通和商业提供必要条件的各种投资产业的总称。它主要包括农产品、工业消费品和工业生产资料等商品的购销体系、商业设施、仓储业、运输业、包装装卸、流通加工、流通技术开发及其相关的信息产业、服务业等。按照产品流通特点和我国现行工业划分，流通产业体系包括主要经营工业消费品的商业产业、主要经营农产品的经营业、主要经营商品进出口的对外贸易业，主要从事商品仓储、运输的储运业等。夏春玉（1998）认为，流通产业相当于我国划分方法第三产业中的第一层次的商业、交通运输业、对外贸易业、物资供销业和仓储业，或联合国的国际标准产业分类中的批发与零售商业及运输业、仓储业。曹静（2008）认为，流通产业作为一个专门从事商品流通或为商品流通服务的产业，它联系着生产、分配、消费各个环节，与经济发展不仅存在着质的内在联系，而且存在着量的比例关系。流通产业结构本身各构成要素之间的比例关系，不仅关系到流通产业本身的存在与发展，而且关系到整个国民经济的健康运行。

综合来看，理论界对流通主要有 3 个层次的诠释。从最广泛的意义上讲，流通等同于交换，包括从生产到消费过程中一系列交换环节，包括运输业、批发业、零售业，还包括餐饮业等广义的服务业领域；不仅包括实体物的转移，而且包括虚拟的转移。从中性意义上讲，流通是指农产品或工业品由生产到消费过程中所进行的社会性、经济性转移，范围涵盖产品买卖、所有权转移等一般的商品交易，还包括产品运输、仓储等与物流动有关的过程。从狭义上看，流通只限于物的物理流动过程，即运输、仓储等经济行为，即通常说的物流。

出于研究的需要，我们这里的流通体系主要是指流通产业结构、组织及各种要素之间，以及流通产业与整个经济之间的配置关系和运行方式，既包括流通运行的各种要素，比如所有制结构、行业结构、业态结构、规模结构、经营方式的比例关系和经济关系，也包括流通产业在整个国民经济中定位和发挥作用的机制。从流通体系的要素构成来说，主要包括流通主体、流通载体、流通渠道和流通客体；从流通体系逻辑构成来看，可以分为流通技术、组织和制度等子系统，涵盖商品流通组织、商品渠道、商品市场、流通管制几个体系；从流通体系所包含的产品种类看，包括农产品流通、工业品流通、商业服务业等部分①。从流通体系的运行方式来看，可以是生产——批发——零售；也可以是生产——零售；可以是以生产为主展开流通，也可以从价值链为主展开流通，等等；流通体系发展水平可通过流通效率等指标来衡量。

农村流通体系，是整个流通体系的重要组成部分。在这里，农村流通主要是指包括农产品流通、工业品流通（包括农业生产资料流通和农村日用工业品流通）为主要内容的商贸流通。农产品流通主要是指粮食、棉花、油料、麻类、烟叶、蔬菜和水果等的流通。农业生产资料流通主要是指种子、农药、肥料、农业机械及零配件、农用薄膜等与农业生产密切相关的农业投入品的流通。农村日用工业品流通主要是指农村日用纺织品、化学用品、家用电器、加

---

① 按照《国民经济行业分类》(2002)分类，流通产业包括批发与零售业、住宿与餐饮业、租赁与商业服务业，还包括居民服务和其他服务业。我们这里将流通产业仅限定为批发、零售业以及物流业，这三个领域在流通产业中具有绝对的代表性。

工食品及生鲜商品的流通。农村流通体系是指以农村居民生产、生活为中心，农村流通产业结构、组织及各种要素之间，以及流通产业与整个经济之间的配置关系和运行方式。农村流通主体是指在农村流通体系运行过程中，负责商品的生产、运输、销售的组织或者个人；农村流通客体是指在农村流通体系运行过程中，农村流通主体生产、运输并最终销售的商品；农村流通载体是指农村流通体系运行过程中，流通客体存储、流通的场所；农村流通渠道，是指在农村流通体系运行过程中，流通客体在其形态变换中从生产者到消费者所经过的全部环节的组织序列①。

这里要明确的是，在现实经济生活中，农村流通与城市流通本不可分，我们无法也难以把两者彻底割裂开来，甚至对于农产品流通这一流通领域，我们也不能将其单独归于农村流通领域。在城乡一体化背景下，这种情况更加明显，城乡流通相互交融、交叉、融合，我们既可以说这种是农村流通，也可以说是城市流通，有的时候还分不清到底是农村属性多一点，还是城市属性多一点。但从另一个角度看，如果从农村或者城市的视角来看流通问题，来研究流通中蕴含的规律性的东西，那我们把流通分为农村和城市，会使得线索更清晰，也在某种程度更能深入，更能说明问题。而且，要注意到，中国农村流通具有与其他国家，不一样的特殊性和重要地位。这些也就是我们为什么把农村流通置于此处的原因。通过农村流通体系的探究，去诠释、分析和预测整个流通现象、规律，最终进一步推进经济社会又好又快发展，是我们研究的重要目的所在。在这种背景下，来考量农村流通概念的内涵、范畴，应该更有针对性、更有意义。

流通效率。流通效率是衡量流通体系发展程度的重要指标。这里主要参考马克思对流通的界定和研究的需要，把流通效率定义为流通实现过程中价值补偿的程度以及利益的和谐度②，一般可通过流通速度、流通成本和供求价格比等指标来衡量。流通速度、流通成本用来衡量价值补偿的程度。供求价格比用来衡量利益和谐度。

---

① 流通渠道的界定争论较多，形成了组织说、通道说、环节说、形式说等不同视角。这里界定更倾向组织说，具体参见纪宝成：《商品流通论——体制与运行》，中国人民大学出版社1993年版，第168页。

② 徐从才：《流通经济学：过程组织政策》，中国人民大学出版社2006年版，第145页。

流通速度是指商品从生产者到消费者的整个流通过程中的速度，通常用流通过程中所耗费的时间长短，即商品周转时间来测度。所耗费的时间越长，流通速度越慢，流通效率也就越低。流通成本主要是指商品在从生产者到消费者的整个流通过程中所基于流通需要所耗费的资源，一般来说，单位商品流通成本越高，流通效率越低。

利益和谐度是不同流通主体之间在流通中获得利益的均衡程度。利益和谐度较高，意味着不同流通主体在较高的利益均衡点上达成了一致，各方都获得了相对满足的物质或精神满足。供求价格比是指流通商品或者说流通客体生产和零售价格的比例，可以用最初出厂价和最终零售价之间的比例来测度。

城乡一体化。城乡一体化内涵的界定，与如何看待城乡关系密切相关。城乡关系是社会生产力发展到一定阶段和社会大分工的产物。自城市出现后，城乡关系便随之而产生，城市和乡村共同构成了社会这个整体，也成为经济学家、社会学家关注的重要领域。城乡关系是个比较宽泛的概念，资本主义原始积累阶段和发展中国家在经济发展过程中普遍存在的城乡关系、城乡劳动力转移等一系列重要问题受到了发展经济学等诸多学科的关注，并形成了相对成熟的理论分析架构。这其中，以二元经济结构分析的影响最为广泛。最早将"二元结构"概念运用分析城乡社会这个现象的是荷兰经济学家伯克。十九世纪五十年代，著名经济学家刘易斯在前人的基础上提出了著名"二元经济"理论，认为农业等传统产业劳动力无限供给构成了二元经济的内在特征，诱发产业结构的演变，使城市化水平得以提高。也就是说，通过现代大工业的发展，取得资本的积累，使农村剩余劳动力得到充分的转移，诱发产业结构的演变，使城市化水平得以提高，最后经济由二元变成一元。城市经济学中的城市空间扩散理论和城乡边缘区理论，传统的经济学要素禀赋论，都对城乡的分割、融合以及可能对经济社会和对外贸易的影响进行了阐述。

纵观整个人类历史，城市与乡村之间的关系随着生产发展和政策取向而变动，在某一个经济发展阶段，城乡分割占主流；在另一发展阶段，或许城乡融合是主导趋势。现在学术界比较认可的是，城乡分割、城乡融合是现代社会常见的两种城乡关系。从未来经济发展的大势来看，城乡融合正逐步被认可，并在整个世界范围内成为主导趋势。根据国内外研究和研究的需要，我们倾向于认为，城乡关系是普遍存在于城市与乡村之间的相互作用、影响、制约的联系与互动关系，是一定经济发展水平下经济关系、政治关系、利益关系、资源配置关系等诸多要素在城市与乡村两者关系上的集中反映，包括城乡产业发展关系、城乡经济关系、城乡文化关系、城乡社会关系等。

城乡一体化是与城乡融合近似的一个概念。它本身是商品经济和社会生产力发展到一定阶段的产物，既是一个发展目标，也是一个不断前进的发展过程，主要体现在规划、产业布局、基础设施建设、公共服务等方面实现一体化，公共资源在城乡之间均衡配置、生产要素在城乡之间自由流动，城乡经济社会发展融合。很多研究都认为，城乡一体化是指城市和农村这两个不同体制的经济社会单元和人类聚落空间在一个相互依存的区域范围内融合发展、协调共生。城市和农村作为一个有机整体，其间，人口、资金、信息和物质等要素在城乡间自由流动，城乡经济、社会、文化相互渗透，相互融合，城市和农村是一个相互依存、相互促进的统一体[1]。

考虑到城乡一体化与流通体系建设关系研究的便利性和实际需要，这里城乡一体化主要指打破以往城乡市场分割，逐步实现生产要素的合理流动和优化组合，实现城市流通体系与农村流通体系得有机衔接与运行的过程。我们把党的十六大以来，城乡一体化加快推进时期，简称做新时期。

---

① 洪银兴、陈雯：城市化与城乡一体化，《经济理论与经济管理》，2003年第4期，第5-7页。

第二章

文献综述

　　农村流通体系作为城乡流通体系的有机组成部分，既有其特殊性，也有着一般流通的共性。历史上不少经济运行及原理的阐释，都蕴含着非常丰富的流通理论和对流通效率的阐述，并在实践上得到了相当广泛的应用，认真梳理、总结这些研究成果，并根据农村流通的实际赋予其新的实践内涵，对我们今天进行农村流通和农村流通体系研究，具有非常重要的意义。

第一节　主要理论综述

（一）马克思主义流通理论

流通理论是马克思主义经济理论的重要部分。马克思、恩格斯在《资本的流通过程》(《资本论》第二卷)和《政治经济学批判》等经典著作中对资本主义商品流通过程和作用机理进行了详细阐述。具体来说，马克思主义的流通理论主要围绕下面三个论点来展开、完善。

一是商品流通过程是资本循环的过程。马克思、恩格斯通过资本的循环过程，来阐释商品流通。他们认为，资本只有通过不断循环才能实现价值和价值的增值。产业资本在其循环过程中，依次经过购买阶段、生产阶段、销售阶段；与购买阶段、生产阶段、销售阶段相对，产业资本依次经历货币资本、生产资本、商品资本三种形式。三种形式分别发挥不同的职能，资本的每个部分在时间上又必须逐次通过循环的各个阶段，并不断变化其职能形式。购买劳动力和生产资料，为剩余价值的生产准备条件由 G 来完成；促进劳动力和生产资料相结合，在生产过程中生产出包含着价值和剩余价值的商品，是 W 的职能；W 的作用是通过商品的销售，使包含在商品中的价值和剩余价值得到实现。图 2.1.1 表示了整个资本的循环过程。其中，G 表示货币资本，W 表示生产资本，W' 代表包含着剩余价值的商品资本，G' 代表已经发生了价值增值的货币资本，P 代表生产过程，P_m 表示生产资料，A 表示劳动力。

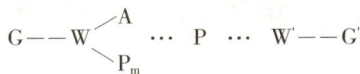

$$G - W \begin{smallmatrix} A \\ \\ P_m \end{smallmatrix} \cdots P \cdots W' - G'$$

图 2.1.1 资本循环过程

这一循环过程包括 3 个阶段，即购买阶段，资本形态发生变化，由货币资本转变为生产资本形态；生产阶段，生产出一定规模的商品，是生产资本转为商品资本的阶段，资本数量、形态都会发生变化；销售阶段，是由商品资本转化为货币资本的阶段，生产出的商品被销售出去。资本依次经过这 3 个阶段，采取对应的职能形式，实现价值增值，最后又回到原来出发点。其中，购买阶段和销售阶段，属于资本的流通过程（见图 2.1.2）。

$$G-W\cdots P\cdots \underbrace{W^{'}-G^{'}\bullet G-W\cdots P\cdots W^{'}}_{\text{商品资本循环}}-G^{'}\bullet G-W\cdots$$

图 2.1.2 资本流通过程

资本的循环过程是流通和生产的统一。为了获得最大的剩余价值，产业资本的运动必须连续不断地进行循环运动。这种不断重复、周而复始的资本循环过程，就是资本周转。资本周转速度的快慢，对剩余价值的生产具有重要影响。资本周转速度受周转时间和生产资本影响。周转时间的长短，主要生产时间与流通时间的长短，流通时间是指产业资本停留在流通领域内的时间。生产时间和流通时间越短，资本周转速度就越快；反之，生产时间和流通时间越长，资本周转速度就越慢。产业资本为了实现尽可能多的剩余价值，必须努力缩短生产时间和流通时间。

二是商品流通过程是使用价值创造和价值补偿的过程。价值创造和补偿是一个涉及资源投入、转化到产出效益的过程。在马克思、恩格斯看来，生产过程是使用价值的创造过程。但使用价值不等于价值。要实现最大的剩余价值，产业资本家必须不断地把生产出来的商品投入流通，经过过程，进入下一个生产过程。只有这样，使用价值和价值才能够最终实现，"交换过程使商品从把它们当作非使用价值的人手里转到把它们当作使用价值的人手里，就这一点说，这个过程是一种社会的物质交换。"①

对此，马克思、恩格斯从简单再生产和扩大再生产的角度，详细阐述了价值补偿的过程。在他们看来，社会总产品是社会各个物质生产部门在一定时期内所生产的全部物质资料的总和，按其最终用途区分为生产资料和消费资料两

---

① 马克思：《资本论》（第 1 卷），人民出版社 1975 年版，第 102 页。

大类；按价值分为不变资本价值(c)、可变资本价值(v)、剩余价值(m)3个部分。社会总产品的实现，也就是社会总产品的补偿，包括社会总产品的价值补偿和社会总产品的物质补偿。在简单再生产条件下，进行简单再生产的基本条件，是一定要使生产资料和消费资料两大部类的产品按照一定比例关系通过交换而得到实现，即Ⅰ(v+m)=Ⅱc，也就是说第一部类提供给第二部类的生产资料同第二部类对生产资料的需求之间，必须要保持一定的比例关系；第二部类提供给第一部类的消费资料同第一部类的对消费资料的需求之间，也必须保持一定的比例关系。简单再生产的实现条件，可以从Ⅰ(v+m)=Ⅱc这个基本实现条件引申出另外两个实现条件：一个实现条件是Ⅰ(c+v+m)=Ic+Ⅱc，即第一部类一定时期内所生产的全部生产资料的价值，应当等于两大部类不变资本价值的总和。另一个实现条件是Ⅱ(c+v+m)=I(v+m)+Ⅱ(v+m)。即第二部类一定时期内所生产的全部消费资料的价值，应当等于两大部类可变资本和剩余价值的总和。同样，从社会总资本扩大再生产来看，社会扩大再生产要顺利进行，第一部类提供给第二部类的生产资料同第二部类对生产资料的需求之间，必须保持一定的比例关系；第二部类提供给第一部类的消费资料同第一部类的工人和资本家对消费资料的需求之间，也必须保持一定的比例关系。

从社会再生产实现的基本条件，我们可以看到，加快实现两大部类的价值补偿，就要充分发挥流通的作用，合理协调城乡之间的商品流通。

三是"四分法"理论与流通的作用。马克思、恩格斯在对流通和社会再生产关系进行论述的过程中，把社会再生产分为生产、分配、流通（交换）和消费四个环节，认为它们之间相互影响、相互作用，共同构成了整个社会再生产过程。

其中，生产对流通起着决定性作用，它不仅决定着流通什么、流通多少，还决定着流通的性质。他说，"一定的生产决定一定的消费、分配、交换和这些不同要素相互间的一定关系。"①同时，流通对生产起着重要的影响和制约作用，一方面，流通是生产得以进行的重要前提，社会再生产进行离不开两大部类之间交换，流通是商品生产得以确立和发展的基本条件。另一方面，流通促进市场的发展和需求的扩大，需求的扩大反过来必然拉动作为供给的生产。

---

① 马克思恩格斯：《马克思恩格斯全集》(第30卷)，人民出版社1995年版，第210页。

分配对流通有着重要影响，分配的方式制约着流通的方式。不同的分配制度，决定着不同比例的消费和积累，从而也就间接制约着连接生产和消费的流通环节。同时，分配的实现也有赖于流通的效率和方式。

消费对流通具有明显的导向作用，消费不仅是流通的目的，而且是流通过程最终完成的标志。商品只有最终在流通中被消费，它才算最终完成了流通过程，实现了自己的使命。消费的规模和结构直接制约着流通的规模和结构，消费的发展状况决定着流通运行和发展的状况。同时，流通是消费实现的前提，影响着消费的规模和水平。

马克思主义流通理论，对于我们研究农村流通体系具有重要意义。马克思主义流通理论是我们进行农村流通研究的主要理论基础。首先它向我们展示了生产、分配、流通和消费之间的关系，是加快发展农村流通，并通过加快发展流通促进城乡一体化进程的重要理论依据。其次，马克思、恩格斯论述了资本主义条件下产业资本实现利润最大化就要加快资本周转速度，告诉了我们提高流通效率具体路径。再次，使用价值创造和价值补偿的思想，阐释了流通过程中价值和使用价值的矛盾运动，奠定了研究农村流通体系运行的微观基础。

（二）二元结构理论

上个世纪五、六十年代以来，发展中国家经济增长结构和模式，受到了经济学界的广泛关注。二元结构理论在这个时候兴起并得到了广泛应用。美国经济学家刘易斯（1954年）在一篇发表在"曼彻斯特学报"的论文上，对二元经济模型给予了详尽、有力的分析。后经过费景汉、汉尼斯等学者的拓展，成为诠释发展中国家经济问题和未来发展方向的经典模式。

二元结构理论认为，在发展中国家普遍并存着现代化的工业部门和传统落后的农业部门，发展中国家发展中所出现的一切矛盾和问题，都可以由这两个经济部门的冲突与融合来解释，发展中国家要真正发展起来，必须推动、促进经济二元结构转变为一元结构，克服二元经济结构，使传统部门的边际劳动生产率与现代部门相一致。

二元结构理论假设，最初现代工业部门与传统农业部门存在巨大差异，使得两者能被清晰地分开。前者采用现代化的机器大生产，具有较大规模，遵循规模报酬递增规律，生产率和收入水平都很高，具有不断扩展的强劲动力；后者采用的是传统手工生产，规模小，存在无限的剩余劳动力供给，大量使用的是土地等非再生性资源，劳动的边际生产力非常低，收入水平主要由制度或习惯来决定。正是由于两个部门的不同特点和巨大差异，使得较低收入水平但拥有无限剩余劳动力供给的传统部门，不断将劳动力转移到现代工业部门中去，直到传统部门与现代部门处于同一发展水平上。也就是说，在二元结构理论看来，现代部门和传统部门的特点和差异，是不同地区、城乡存在差异的原因，同时也是发展中国家前进模式选择的重要根据。现代部门通过扩张，在促进自身生产规模、水平进一步扩大、提高的同时，也为传统部门剩余劳动力转移提供了大量就业机会，还为传统部门发展提供了更高水平的物质和精神基础，使得传统部门获得了巨大的后发优势；传统部门通过改造更新，在不断提高自身边际劳动生产率的同时，也为现代部门提供了丰富、廉价的劳动力资源，同时还为现代部门发展提供了赖以发展壮大的物质基础与生产资料来源，必须得到高度重视和适当政策倾斜。

二元结构理论对农村流通体系研究具有重大指导作用。一方面，二元结构理论是农村流通长期存在并必须加以重视的重要理论依据。二元结构理论表明，在发展中国家，普遍存在着城乡经济差异。农村流通作为农村经济的重要组成部分，具有传统部门的共同特征。加快农村流通发展，健全农村流通体系，是发展农村经济和统筹城乡发展的应有之义，对于加快推进城乡一体化进程，促进我国经济又好又快发展，具有重要意义。另一方面，二元结构理论为城乡关系变化及趋势提供了重要的理论依据。促进经济发展就要破除二元结构，向一元方向发展，这是二元结构理论的核心思想。根据这个思想，城乡关系未来发展的方向必然是城乡一体化。可如何加快实现城乡一体化，需要所有部分、环节的协调互动。作为公认的先导性产业，流通尤其是农村流通的健康发展，既是城乡一体化的重要内容，也是推进城乡一体化、改变城乡二元结构的重要内容和重要推动力量。城乡一体化作为大的环境变化，既对农村流通体系发展提出了新的更高的要求，也为其准备了条件。与此同时，二元结构理论对传统部门提高劳动边际生产率的观点，对于我们如何在新时期建立健全农村流通体系具有很强的指导意义。

（三）产业组织理论

产业组织理论是一门以微观经济学为基础，具体分析产业和企业组织结构和其行为之间相互影响、作用关系及其绩效的理论体系，是建立健康的市场经济秩序和提高经济效率的重要理论依据。产业组织理论的主要思想及对农村流通体系建设的重要意义如下：

（1）结构主义学派的 SCP 理论范式。结构主义学派因是以哈佛大学为中心而形成的，因此又称哈佛学派。上世纪 30 年代，以梅森、贝恩、谢勒等为代表，形成了著名的"市场结构 S—市场行为 C—市场绩效 P"范式，简称 SCP 范式，该范式认为这三个要素之间存在着密切的单向因果关系，即市场结构决定企业的市场行为，企业行为产生市场绩效。其中，市场结构指市场中卖者的数量、产品的差异化程度、规模结构及纵向一体化程度等，主要的衡量指标有市场集中度、产品差异化等；市场行为包括价格、研发、广告等在竞争中所采取的策略和对策；市场绩效指运营效率、资源配置效率、利润、收入分配比例等，一般用利润率或者效率等指标来衡量。三个要素之间存在着单向的因果关系，即市场结构决定企业的市场行为，企业的市场行为又进一步影响了企业的市场绩效。

在结构主义学派看来，不合理的市场结构，会降低市场的竞争性，最终结果往往导致不良的市场绩效，尤其是资源配置的非效率。要获得理想的市场绩效，结构主义学派认为必须通过一定的公共政策来改变或者优化不合理的"市场结构"，着眼于形成和维护竞争的市场结构，建立更高水平的均衡。

结构主义学派的 SCP 理论范式，为产业经济学提供了一个完整的理论研究框架，是建立和完善农村流通体系的重要依据。从微观上看，农村流通主体的结构在一定程度上决定了农村流通主体的行为，从而也就在一定程度上决定了农村流通体系运行效率的高低。从宏观上看，农村流通体系结构，在某种程度上决定着农村流通体系的具体运行，最终会直接影响到农村流通体系的运行效果。要提高农村流通体系的运行效率，就应该从结构调整上下功夫，从公共政策的改变上努力。

（2）新制度经济学交易费用理论。新制度经济学的重要理论基础——交易费用理论是传统产业组织理论的新发展，兴起于上世纪 70 年代，以 Coase 和

Williamson 等为代表，以"交易"为基本分析单位，把交易费用作为经济研究的核心，摒弃了新古典经济学交易费用为零的假说。Coase（1937 年）率先在《企业的性质》一文中引入了交易成本的概念，把交易与资源配置效率联系起来，把交易费用归为在"发现相对价格的工作"、谈判、签约、监督履约的费用。之后，Williamson 创造性地提出了"交易、契约与治理相匹配"分析框架。杨小凯等新兴古典主义经济学家将广义的交易费用分为内生和外生交易费用两类，并对费用产生的机理进行了缜密的分析。

第一，交易、契约与治理相匹配的思想。以 Williamson 代表的交易费用理论者认为，任何一种经济活动都可视为一种交易，而任何交易都可被看做是一种契约。交易费用源于经济主体之间通过契约来完成产权出让而开展的一系列活动。他们以有限理性和机会主义行为为假设前提，引入资产专用性、交易频率和不确定性三个维度，对交易费用进行了深入研究。其中，资产专用性，即专门为交易完成而进行的专用性投资，很难改变用途，主要指的是技术投资；交易频率，即单位时间内的交易次数。他们认为，由于资产专用性、交易频率和有限理性的存在和不同，使得契约一般都是不完备的。为了支持不完全契约，需要将资产专用性和保障措施等因素综合起来进行考虑。同时，他们根据资产专用性、交易频率和不确定性这三个维度将契约分为古典契约、新古典契约和关系性契约。古典契约的特点是不存在资产专用性，主要通过市场来完成；关系型契约的特点是资产专用性程度高、交易频繁、不确定性较高，一般通过科层来完成；新古典契约处于古典契约和关系型契约两者之间，主要通过质押、互惠、特许权和管制等混合形式来完成。

第二，内生交易费用与外生交易费用的思想。Williamson 等交易费用理论将交易费用分为两部分：一部分是签约前期交易费用，主要有草拟合同、前期谈判以及确保合同得以履行所需的费用；另一部分是签约后期交易费用，主要有不适应费用、讨价还价费用、启动及运转费用，等等。杨小凯等新兴古典主义经济学家进一步交易费用分为内生交易费用与外生交易费用。内生交易费用是指不同利益参与者在争夺收益份额时由于机会主义和道德风险等原因所引起的成本消耗，在数值上等于市场均衡值与帕累托最优之差。外生交易费用反映的是交易过程中由外在条件所引起的成本消耗。契约越完备，对将来可能出现各种责权利冲突规定的越详细，外生交易费用越大。但同时，如果契约不完备，尽管会在一定程度上能减少外生费用，但同时因为责权利混乱会诱使交易主体采取投机行为争夺更多好处，从而导致内生交易费用增加。

交易费用理论对于我们建设什么样的农村流通体系具有重要的理论指导意义。按照交易费用理论，任何经济体系的运行都存在内生交易费用和外生交易费用。对农村流通体系的运行来说，同样如此，内生交易费用是不同利益的流通主体在争夺流通收益的份额时的机会主义行为引起的成本消耗；外生交易费用是商品流通体系外的因素所引起的成本消耗。内生因素是由内部利益的分配引起的，外生交易费用，则是由一系列外在条件所引起。

交易费用理论，对农村流通体系运行主体的研究具有很强的指导意义。农村流通主体的形态很多，但单纯的市场形态容易导致交易费用过高而使得市场失灵，单一企业形态或者说科层管理模式则可能因组织协调费用过高而使得出现规模不经济现象。交易费用理论认为，在单纯的市场和科层之间会存在着众多中介性组织，它们往往能比市场更有效、能比企业更灵活地协调农村商品流通，从而更有利于降低流通过程中产生的各种费用。

交易费用理论启示我们，建立健全农村流通体系，应该充分融合市场与企业的优点。一方面，该体系能有效避免市场失灵现象带来的成本增加，通过某种权威机制来防止流通费用过大；另一方面，该体系应能有效克服多层级结构的单个流通主体带来的组织失灵问题，通过价格机制的引入来防止流通费用过大。流通体系的建设要基于降低整体交易费用的目的，通过市场价格机制和相应权威机制的综合应用，将外生交易费用内部化，提高流通渠道整体的运行效率和组织运作效率。

（四）渠道权力理论

渠道权力理论是营销理论中重要的基础性理论。近年来被应用于流通经济学等领域。在渠道行为理论中，渠道权力一般被定义为一个渠道成员对在同一渠道中其他渠道成员的行为和决策变量施加影响的控制力或影响力，渠道权力直接关系到渠道成员在渠道中的地位及对其他成员的依赖程度[①]。依赖是指渠道成员为实现预期目标而对其他渠道成员的依赖关系。渠道权力是依赖关系的

---

① 渠道权力的界定方式主要有关系说和能力说两种，我们这里采用关系说的界定。

结果，这种依赖关系在本质是渠道成员对其他渠道成员所拥有资源的依赖。由于专业化分工和占有资源的必然性，使得渠道成员之间实际上是相互依赖的。不过在任何时候渠道权力在各成员中的分布都不可能是均衡的，总会因为这样或那样的原因，比如不同渠道成员占有的资源是不一样的，使得渠道中的某个成员比其他成员拥有更多的渠道权力。

渠道行为理论认为，奖励权力、强制权力、法定权力、认同权力、专家权力和信息权力等权力是渠道权力的来源。这些渠道权力的大小或者说依赖关系的程度主要取决于两个因素，一个是影响力，一个是稀缺性。对于 M 和 N 两个渠道来说，如果 M 对 N 的利益实现的影响力越大，则 N 对 M 的依赖越大，也就是说 M 的渠道权力越大；对于 N 渠道来说，对 M 渠道的依赖是否具有可替代性，即对于 N 渠道，M 渠道是否具有稀缺性，也直接影响着渠道权力的大小，越稀缺权力越大。稀缺性的程度主要考虑两个因素：一个是同类竞争对象的多少，越多越不具备稀缺性；一个是进入门槛的高低，进入门槛越低，渠道伙伴的转换成本越低，则渠道伙伴对效用提供者的依赖越小。

渠道行为理论认为，渠道成员之间是存在着冲突与合作的关系。一方面，每个渠道成员为了实现自身利益的最大化，都会努力提高自身的渠道权力，渠道冲突由此产生。另一方面，任何一个渠道成员利益的实现同时也要依赖于其他成员的资源，因此实现自身利益的前提是不同渠道成员之间的合作。我国的实证研究表明，对彼此依赖程度的感知上的差异也是导致冲突的一个原因[1]。渠道冲突与渠道合作互为前提，没有渠道成员之间的合作，就没有渠道成员之间的冲突。渠道成员之间的冲突，最终只有达成某种程度上的合作，冲突才有意义。

依据依赖程度的不同，可以将渠道权力结构分为 3 个类型：

一个类型是高度权力均衡。渠道权力双方都拥有对方需高度依赖的资源，并具有很强的稀缺性，替代的成本很高。一个是低度权力均衡。渠道依赖关系双方相互都缺乏对对方的权力，各自拥有的资源对另一方来说具有一定依赖关系，但很容易找到替代资源，渠道伙伴的转换成本很低。一个是权力倾斜。渠道权力的一方成员掌握着更多资源，对另一方具有很强的稀缺性和难以替代

---

① 王晓东、吴中宝:《中国流通改革理论回顾与评述》,中国人民大学出版社 2009 年版,第 53 页。

性；而另一方掌握的资源较少，替代成本较低，从事同类服务的竞争者很多，对对方渠道具有非常强的依赖性。渠道成果取决于给定关系中的权力平衡，在现实的经济生活中，高度权力均衡是一种理想状态，效率最高，不同渠道成员冲突、合作的结果，总是朝着这个理想状态前进。权力倾斜是渠道权力竞争中的常态①，渠道权力结构总是处于从权力倾斜到权力均衡的不断发展过程中。

为了应对权力倾斜，依赖对方的渠道成员即渠道权力较小的一方，总是努力通过采取一系列措施来减少自己对渠道权力较大一方的依赖，以获取较大的利益。渠道权力理论把这种行为或者措施叫做权力策略。认为主要的权力策略有三种类型，一是资源整合，通过联盟、发展战略性资源等方式，提高自身对资源的占有度，通过集体的力量或者战略性新资源增强对方渠道成员对自己的依赖程度。二是寻找更多的替代渠道。通过寻求一个能够向自己提供类似服务的替代者，从而减少对权力主体的依赖程度。三是建立相互依赖的关系。通过与权力主体合作、发展自身的稀缺性等措施，变"单边锁定"为"双边锁定"。

渠道行为理论，对于流通体系尤其是农村流通体系研究，具有重要意义。一方面，不同流通主体同时是具有不同依赖程度的权力渠道主体，在同一流通体系中会形成不同的权力渠道均衡，由此带来不同的流通行为，从而对流通体系运行效率产生影响。从这个意义上说，运用渠道行为理论，可以很好地分析流通主体的状态、流通渠道的选择和优化以及对应的流通效率；另一方面，针对不同权力倾斜，渠道成员会采用不同渠道策略，对如何进一步完善农村流通体系具有很强的指导意义。

---

① 张闯、夏春玉：渠道权力：依赖、结构与策略，《市场营销》，2005 年第 2 期，第 67 页。

第二节　国内外主要研究成果综述

任何理论的研究都是建立在其他学者研究的成果基础之上的。近年来，国内外学者从不同角度、层面对城乡一体化、农村流通体系等进行了积极探索，取得了可喜的成果。下面对这些成果进行简单的梳理和评述。

（一）农村流通体系研究综述

近年来，有关新的城乡关系变化下流通产业发展路径，开始受到学者的关注。比如晏维龙（2004）的"城市化与商品流通的关系研究"，就关注到改革开放以来城市化加快对流通产业的影响；黄侦（2008）提出，社会主义新农村建设的全面展开，为农村流通体系发展提供了重大机遇，要充分把握住建构完善的农村流通体系这个激活农村市场的关键；宋则、刘辉（2009）提出，构建城乡一体化交换体系和营销体系是发展农村经济的重中之重。但大体来看，基于城乡经济条件深刻变化来考量农村流通体系的建设，现在还比较少见。

归纳起来，近年来农村流通体系方面的理论论述主要集中在4个方面：

一是对现代流通体系框架和农村流通体系框架的探索。重点探讨现代流通体系所包含的内容、现状及未来发展趋势。洪涛（2010）提出纵向流通体系由商品流通组织体系、商品渠道体系、商品市场体系、宏观调控体系、流通法律体系和流通管理体系6大体系构成，横向流通体系包括农产品流通体系、日用工业品的流通体系、生产资料流通体系、商业服务业体系、商务服务体系、再生资源流通体系、信息服务体系7大体系。姜增伟（2009）提出，未来现代流通体系建设的重点是农副产品的流通体系、消费工业品的流通体系、生产资料流通体系、餐饮与服务业流通体系，这与洪涛等学者的研究有相同之处。

由于这些年来，农村市场越来越受到重视，国家通过调整城乡经济工作的政策，把更多的财力、物力、人力向农村倾斜，实施城市支持农村，以工促农、以城带乡。在这种背景下，绝大多数研究都认为流通不畅是城乡长期启而不动的重要原因，农村流通体系建设成为流通理论研究的重中之重。涉及领域主要包括农村流通经验总结和启示、流通结构调整、农村流通主体、农村市场建设以及网点布局等。比如陈丽芬（2008）在"我国农村流通30年发展之成就"一文中，较详细地介绍了我国30多年来农村流通体制改革的历程、成就和不足、未来着力点。

二是对农村流通体系运行的分析。不少学者都对农村流通体系运行现状特别是存在的主要问题，表示了极大关注。张华芹（2005）研究提出，当前我国农村流通中存在着商品流通业态单一、营销方式单一、支付方式单一、流通网络薄弱等问题。程国强（2007）对我国农村流通体系的现状、问题与政策建议进行了全景式分析。认为一方面，农村市场规模扩大、交易方式和流通业态提升、市场主体多元化发展；另一方面，农村流通广泛存在着城乡市场流通差距扩大、流通方式和经营业态较为落后、流通基础设施不足、流通主体实力弱等问题。张斌（2008）对当前农村流通体系问题进行了研究。认为当前农村流通体系的问题主要体现在5个方面：城乡市场规模差距逐渐扩大，流通方式和经营业态仍然落后，农村流通基础设施建设滞后，农村市场流通主体实力仍然较弱，农村市场管理滞后。赵玉、张玉（2008）认为农村流通体系主要存在农村流通主体的组织化程度仍然较低、农村现代流通业态发展缓慢、农村要素市场发育成长迟缓等问题。李东（2009）从重庆城乡统筹的角度研究了农村市场流通体系建设存在的问题，认为重庆农村流通体系存在的主要问题是广大农村地区普遍缺乏系统的物流体系，缺乏专业物流管理。张如意（2011）认为，我国城乡商贸流通体系存在的问题主要表现在农产品流通中农户主体地位缺失、农产品流通成本较高、农产品流通的基础设施差、交易方式落后、城乡消费品市场分割。

三是对农村流通体系影响因素的研究。不少研究都表明，对流通体系影响较大的因素有人均国民收入、交通通讯、城市化、经济结构和消费结构。经济结构主要从集约化、规模化几个方面对流通体系产生影响。随着农村人口向城市流通，农业集约化经营加快，集约化经营要求改变流通高度分散的状况。比如，战金艳、鲁奇（2003）运用灰色关联分析法，构建了中国基础设施与城乡一体化关联度模式，对区域基础设施、流通产业发展水平与城乡一体化发展的关联水平进行了定量分析。朱允卫、黄祖辉（2006）采用协整检验方法、granger 因果分析方法和脉冲分析方法，对浙江省经贸发展与城乡统筹互动关系进行实证分析。

四是对完善农村流通体系措施的研究。一方面，相当多的研究都表明，现阶段农村流通体系的诸多问题，都可归结到流通主体上。流通主体研究又主要集中在农产品流通主体的缺失和组织化上。万典武（2006）从发展农村连锁商业、改革农村供销社和引导个体商业诚信经营等方面探讨了建设现代农村流通体系的路径。程国强（2007）认为必须强化农村流通基础设施建设，发展现化流通方式和新型流通业态，培育多元化、多层次的市场流通主体，构建开放统一、竞争有序的市场体系。周祥、徐万彬（2007）提出，农村合作经济组织是实现农村流通中小生产与大市场有效衔接的制度安排。张斌（2008）认为，建立健全农村流通体系应从基础设施建设、主体培育等方面着手。王莉莉、孙宏岭（2008）基于效用论和市场失灵理论，提出农村基础设施较差，是农村市场流通体系不健全的重要根源。夏春玉等（2009）在"基于网络组织理论的一个分析框架"一文中以网络组织理论为分析工具，提出要建立一种农产品流通网络组织。罗英勇（2009）提出，要通过联盟等多种方式建立新型农产品流通组织。张如意（2011）提出，要根据农产品流通、工业消费品流通和农业生产资料流通的不同特点，促进流通主体的培育、流通条件的改善，促进城乡消费品市场融合。

另一方面，将农村流通体系的不完善，主要归结为现代流通技术、供应链等先进管理方法在农村流通各个环节的失落，提出建立适合农村需要的流通体系重在建立现代流通方式。比如，李东（2009）认为连锁化、网络化、信息化是现代流通的三个核心要素。张淑梅（2008）认为，加快农村流通体系建设，关键要改造传统业态和引进先进管理技术。汪旭晖（2008）的研究突破了不少研究的常规，从流通体系构成要素的角度，系统分析了渠道体系类要素、流通载体类要素和规范与支撑类要素。提出要在这些要素上不断创新优化，这是建立现代农村流通体系的重中之重。

此外，不少研究都从理性人假设出发，通过流通效率和流通组织结构的变化分析，来解释我国流通结构的现状和未来调整方向。其中，西方经济学的组织结构理论得到比较广泛的应用。比如，郭国荣（2004）在"建立和发展先导型的商品流通结构"一书，系统地论述了商品流通结构的定义、基本现状、国外研究现状和产业政策建议。

当然，对农村流通体系诸多问题的探索，更多体现在农产品流通研究上。费明胜、谢玉清（2010）以中国全文期刊数据库（CNKI）收录的从1995-2009年核心期刊中的215篇农村流通现代化论文为样本，关于农产品流通问题的研究文献构成了农村流通问题研究的绝大部分，计143篇，占样本总数的66.5%。这充分反映了农村流通中农产品流通的重要性。

分析起来，这些年对农村流通体系研究主要有以下特点：一是侧重于农村流通运行现状的外在表象分析，而少有研究透析表象背后的本质所在和运行机理；二是侧重于单个对策分析，缺少对农村流通体系的通盘考虑；三是侧重于体系本身的独立分析，而较少有研究将农村流通体系放在日益变化着经济社会大背景下来研究。尽管如此，必须要承认，这些研究为进行城乡一体化背景下农村流通体系研究奠定了重要基础，提供了有益启示。

（二）城乡关系研究综述

近些年来，有关城乡关系和流通产业的研究很多，但由于城乡一体化的提出是近年的事，在理论研究上将农村流通业发展置于城乡一体化大背景下进行研究尚未引起足够的重视，探讨城乡一体化新形势下流通体系建设的研究还比较鲜见。

在城乡关系理论研究方面，基本沿着三条比较清晰的线索进行：

一条线索是我们的城乡关系是什么样。在这方面，发展经济学走在了前列。上个世纪前半期，以刘易斯等为代表的发展经济学家通过研究城乡间的不均衡发展，来诠释城乡间生产要素的互动和商贸发展的演变，展望更长时间内城乡关系可能的发展路径，提出未来城乡融合或分化的理论选择。这一系列相关理论，就是至今被广大发展中国家广泛重视，并用于作为处理城乡关系重要政策依据的"城乡二元论"。

城乡二元论一方面看到了不平衡发展本身给城乡协调发展带来的重要"势差"，把城乡各要素差异看作城乡贸易流动的重要动力；另一方面，也指出了城乡不平衡过大可能给经济社会发展带来的严重后果，城乡差异过大会引发"穷者愈穷，富者愈富"的纳克斯恶性循环，使得城市发展越来越快，越来越成为中心，乡村发展越来越慢，越来越成为外围结构，被边缘化，从而引起严重的社会问题，成为社会动荡的根源。因此，许多发展经济学家都提出，在城乡发展到一定阶段后，要采取更加倾向农村发展的战略，促进农村和城市协调发展。

另一条线索是，我们需要什么样的城市。英国学者霍华德在这方面进行了比较早的探索和思考，他在《明日的田园城市》这一专著中，对未来城乡的图景"田园城市"进行了细致的描绘，对形成这一图景的原因进行了规范的分析。他认为，随着城市人口的聚集，城市病越来越严重，我们必须从城乡结合的角度来解决城市发展问题，把城乡作为一个不可分割的整体，对资金、土地、规划等进行统一管理。赖特则从城乡分散的角度提出了类似的"广亩城"构想，认为现在的城市尤其是大城市不适合人民生活，应该将集中的城市融入广袤的农村之中，重视发展城乡结合的中小城镇发展。

第三条线索是，未来的城乡关系会朝着什么方向发展。城乡究竟是走向融合还是进一步分化，马克思主义经典作家运用历史的、发展的辩证唯物主义的思想做出了缜密分析。认为城市的发展是一切发达的以商品交换为媒介的分工的重要基础，城乡的分离是经济发展到一定阶段的表现。但随着经济社会的发展，城乡的对立日益成为经济社会进一步发展的障碍，未来的社会将是逐步实现城乡融合，这将是一个时间漫长的历史进程。城市学家芒福德同样认为未来城乡应该平衡发展，提出城乡同等重要，应该有机的结合起来。

在城乡关系的实证研究上，主要研究集中在两个领域。一个是城乡交界地带与城乡关系变化的联系。城乡边缘区理论在这方面有着较大影响。这一理论主要是通过对不同地区空间、人口、土地等要素在城乡之间的变动，分析城乡边缘区的发展前景，从而考察城乡关系变化、城乡一体化与城乡边缘区的关系。一个是城乡统筹发展路径研究。一般以"三农"问题为突破口，在寻求"三农"问题解决过程中，探索城市和农村格局的变化趋势。我国不少学者比如杜润生（2005）、陈锡文（2007）、宋洪远（2002）等在这些方面进行了较多探索，内容包括我国城乡关系发展历程、原因及对策，统筹城乡发展的路径，城乡网络布局，城乡互动指标评价体系，城市郊区发展，等等。

总的来看，国内外在城乡关系研究方面比较深入，并取得了相对统一的观点看法。但也要看到，无论是国内还是国外研究，都往往把城乡静态地作为一个独立系统来分析，割裂了城乡关系与整个产业发展的互动关系；不少研究都基本假设了城乡分离的现状，并立足城市发展来研究城乡关系，而没有注意到城市和乡村自始至终都没有也无法完全分割。

（三）国外农村流通建设的经验与启示研究

大多数研究都集中在对国外农村流通建设做法和经验进行总结，并在此基础上对我国农村流通体系提出政策建议。比如，白全礼、郝爱民（2009）对促进农村流通体系建设实施相对成功的美国、欧盟、日本及韩国进行了研究，对农村流通的主要特点进行了总结：美国把政府支持同利用先进信息系统和期货市场建设作为促进农村流通体系建设的主要对策，不仅有发达的农产品批发市场，而且还有领先世界的农产品期货市场；欧盟国家大都建有比较完善的公益性农产品市场，有着严格的商品质量安全控制；韩国主要通过创新流通体系，减少流通中间环节和积极发挥协会中介组织的作用来促进农村流通体系建设，从而得出了对中国农村流通体系建设的有益启示，并在此基础上提出了我国建设农村流通体系的对策。再比如，邹雪丁、王转（2009）将农产品流通分为东亚模式、西欧模式和北美模式三种模式，日本、韩国为代表的东亚模式特点是以批发市场为主渠道，以拍卖为手段的模式；西欧模式重视发挥国家公益市场的重要作用；北美地区更注意"直销 + 先进的信息化建设"模式。他们认为，应结合我国的实际情况，把我国分成不同的发展地区，分别实行不同的流通模式。

归纳起来，农村流通发展较好的国家一般都具有三个特点：一是在流通主体上更具组织化。这一方面是与这些国家特定的产权制度、历史习惯等不同于我国的国情有关，另一方面也与农村流通制度体系有关。二是政府在流通渠道的形成中发挥了非常大的作用，这主要体现在部分市场载体投资的公益性、公共服务体系的完善性。三是流通客体的标准化，这种标准化或者是商品指标的，或者是售后服务的。

我国的情况与国外的很多情况是不一样的。但从城乡一体化的趋势来看，这是世界范围内的普遍趋势。国外很多经济发达国家在这方面走到了前面，也正好值得我们深入研究。从这个意义上看，这些研究和国内外比较研究，对我们开展农村流通体系研究与建设提供了重要参考。对于在城乡一体化背景下建设什么样的农村流通体系，具有重要意义。

第三节 农村流通体系发展状况测度的综述

农村流通体系发展状况如何，如何来衡量、测度？一直是流通领域专家学者致力研究的一个重点。费明胜、谢玉清（2010）的一份统计表明，对农村流通的研究，主要以思辨为主，开展实证研究则较少，以质的定性研究方法为主，定量研究还很薄弱。现有的研究成果表明，测度农村流通体系发展状况主要有三个角度，即流通竞争力、流通效率和流通体系对农村经济影响三个角度。

（一）关于流通竞争力的测度

流通竞争力一般是指某一区域或地方流通业在规模、结构、增长、效益等方面表现出来的商业辐射能力、对产品的集散力和发展潜力，通常包含两个层次：一个是相对于本国流通竞争力的国际竞争力，一个是相对于本地方流通竞争力的区域竞争力。

流通竞争力的指标选择比较宽泛，不同的划分方法和参照系得出的指标一般有所不同。但一般都包括流通规模、流通技术水平、流通效益等指标。比如，宋则（2003）构建了包括11个方面的流通产业竞争力评价指标体系，具体包括流通规模、流通效率、流通效益、流通组织化程度、流通环境、流通结构、流通人才、流通信息化、流通方式、流通成本、流通贡献等。马龙龙、刘普合（2008）则选择流通规模、流通结构、流通密度、流通设施、流通效率、流通辐射力、流通成长力等42个基础指标作为区域流通竞争力的主要指标。

在指标选择上，不少研究都将流通竞争力指标化为多级指标。比如，刘根荣、付煜（2011）将中国流通产业区域竞争力的考量分为流通产业潜在竞争力指标和流通产业现实竞争力指标两大类。流通产业潜在竞争力指标包括基础设施因素制度因素、资本因素、劳动力因素、产业组织因素、技术因素等二级指标；流通产业现实竞争力指标包括流通能力指标、流通效率指标等二级指标。二级指标下还有三级指标。高雪、刘家顺（2010）选择区域流通产业竞争力基础影响因素、区域流通产业竞争力核心影响因素、区域流通产业竞争力环境影响因素三个子模块作为一级指标，下设多个二级指标。

在方法选择上，楼文高、吴晓伟（2010）根据区域流通业竞争力评价指标体系和我国各省市2006–2008年的数据，应用投影寻踪建模技术对流通竞争力进行实证评价。投影寻踪建模（PPC）技术作为一项重要的探索性数据处理方法，对于高维非线性、非正态分布数据的建模研究比较适用。刘根荣、付煜（2011）采用了因子分析法，对全国流通产业的区域竞争力进行测评、排序、研究。因子分析法对于用少量互不相关的综合指标来替代本应该庞大的指标体系，具有较强的解释力，在研究中应用较多，高雪、刘家顺（2010）也采用了这种方法对21个省区市流通竞争力进行了测度。

（二）关于农村商品流通效率的测度

流通效率是衡量流通体系运行的重要指标和手段，很多实证研究都从减少流通成本、提高流通效率入手。因测度对象或研究的视角不同，流通效率所包含的指标也不相同。如 Fred E Clark（1990）认为研究市场流通效率可以从两个视角来进行，一个是从单个企业利润的角度，一个是从社会公众受到的服务与付出费用的角度。日本学者福井清一（1995）认为，流通效率应考虑不同流通环节的购入卖出价格比、流通差价的结构、市场加入的限制和市场信息传递等因素。寇荣（2008）认为流通效率的评价指标体系应从4个角度来观察，即社会关注的角度、生产者关注的角度、流通者关注的角度，消费者关注的角度，对应的是综合效率指标、时间效率指标、成本效率指标和质量安全效率指标。

指标选择还与数据计算方式有关。流通效率的测算可用投入产出比来衡量。测量流通产出的数量方法主要有两种：一是基于流通所提供的服务最终都以流通客体为载体，常常用交易额、零售总量等作为间接测量流通产出的指标；二是对衡量流通服务水平一些主观性指标进行测度。这些指标可以包括流通时间、商品品种齐全的程度、消费者的满意度、市场整合度与集中度等等。测量流通投入的数量方法也主要有两种：一种是把流通投入等同于全部流通成本；另一种是用流通投资的机会成本来衡量流通投入。第一种测量方法，流通成本包括流通费用和交易费用，涵盖流通基础设施的费用，直接与买卖商品有关的费用、保管费用和运输费用以及为达成一项合同而发生的成本和事后发生的监督、贯彻该项合同而发生的成本。由于涉及领域多，更重要的是交易成本测算和统计都很难，使得这种方法在实际中很难应用。而且，按照这种方法计算出来的基数一般偏大。后一种测算方法，主要包括流通主体在人力、财力、物力上投入及由此应该产生的机会成本。一般用最初流通投入来表示。这种方法计算出来的数值则相对偏小，在局部地区或者个别商品流通投入统计上应用较广。

流通效率实证的数据来源是个比较受关注的问题，从目前的研究看，数据主要来源于三个渠道。一个是统计年鉴数据，根据流通投入产出指标的选择，把统计年鉴的一些官方统计指标进行计算得到，准确度主要在于指标的合理性和对统计指标理解的准确度。一个是地方或行业、企业统计资料。另外一个是调查数据。比如由于不易获取流通相关数据，现有对流通效率的测度倾向于采用案例分析的方法，即围绕具体案例进行调查，通过对调查文具结果分析来对农村流通体系运行效率进行测度。杨宜苗、肖庆功（2011）以锦州市葡萄流通为例对不同流通渠道下农产品流通的成本和效率进行了比较研究。他们通过对不同流通渠道下各环节流通主体的调查，对不同流通渠道下葡萄流通运行的基本情况进行了采集、分析，得出从流通成本来看，流通环节越少，成本越低，即存在"农户 + 水果超市 + 消费者" < "农户 + 经纪人 + 批发市场 + 零售商 + 消费者"的关系。

流通效率测度的方法选择一般有单一价格法、协整检验、葛兰杰因果关系检验法等。比如，喻闻等（1998）用相关系数法和协整检验对1995年前7年全国22个省区大米市场均格进行检验，结果我国大米市场的整合程度在不断提高。武拉平（2002）综合使用单一价格法、协整检验、葛兰杰因果关系检验法等多种方法对小麦、玉米和生猪进行了市场整合研究，提出空间市场之间存在长期的整合关系，但不存在短期的整合关系。

（三）关于农村流通体系对农村经济影响的测度

农村流通体系对农村经济影响的测度，主要考虑农村流通体系建设对农民增收、农村市场启动等的影响。王新利、吕火花（2006）通过对2003年我国31个省（市、自治区）的截面数据的分析，认为农村的流通体系与农村居民对消费品的消费量存在明显的相关关系。他们用农村社会零售消费品总额代表农村对消费品的消费水平，用农村从事批零贸易及餐饮业的人数近似代表农村流通体系的发展状况，在农村流通体系和农村经济之间建立了一个相对简单的线性回归方程，发现农村流通体系与农村消费存在比较明显的拟合关系，是除了收入因素以外，对农村消费有较大影响的因素之一。同时，他们还利用边际效用论对农村流通体系对流通的影响方式进行了分析和说明。这些年来，农村流通体系建设对促进城乡关系变化作用的研究，也日益受到关注。比如，Gelan（2002）用城乡CGE模型考察了贸易开放对结构变革和经济总体增长的影响，模拟结构表明城乡之间贸易的开放有助于城乡互动发展。

在方法选择上，CGE和有序probit模型都有所应用。比如，郝爱民（2010）基于有序probit模型，以河南部分地区为调查对象，对农村流通体系建设与农民消费的关系进行了分析。郝爱民主要用流通交易方式、流通业态状况、流通基础设施建设、流通服务、流通信息和流通主体等指标来表示流通体系，以调查问卷的形式，对农村流通方式、流通业态、流通基础设施对农民消费意愿和强烈程度的影响进行了统计，结果显示农村流通体系的现代化程度，直接影响到农村的消费意愿。有序probit模型是进行离散选择问题实证时常用的方法，对调查问卷等形成的多类别离散数据处理有较强解释。

不同的指标、方法选择，可能会产生一些值得我们进一步思考的结果。比如，李蕊（2008）在分析流通业对农村经济增长贡献率时，采用随机影响模型和固定影响模式以及OLS模型，分析结果表明，流通业对农村经济增长的贡献整体上呈下降趋势。

上述有关农村流通体系发展状况测度的实证研究，尽管还存在较大争议，但从指标选择、方法选择、数据收集等方面都做了富有创造性的尝试，对于分析农村流通体系存在的不足和对策提出了建设性的意见，对于我们做好相关实证研究奠定了基础、提供了有益启示。

第二章

流通体系运行机理及特性：理论建构

　　任何一个体系的形成和有效运行都会遵循一些基本规范，体现出一些固有特性，都有内在的驱动因素和外在的条件保障。根据流通体系的定义，构成流通体系的要素有流通主体、流通渠道、流通客体和流通载体，流通体系的运行也就是在这几者的交互作用中，根据经济发展水平的不同，不断演化出不同形式，发展到不同阶段。这里，我们从更抽象的意义上，来阐释流通体系主要是农村流通体系运行的内部结构图示，为研究农村流通体系建构基本理论框架。

第一节　流通体系的要素构成

如前所述，农村流通体系从构成要素来分，可以分为农村流通主体、流通渠道、流通客体和流通载体，这几个要素在一定经济条件下，通过不同的组合，形成了多种多样的流通体系。

（一）流通体系的主体及构成

从一个完整的流通体来来讲，流通主体既包括从事商品流通的生产者或者供给者，也包括专业从事商贸流通的组织和个人，还包括最终完成商品流通全过程的消费者。农村流通体系的主体是指在农产品流通、农业生产资料流通和农村日用工业消费品流通中从事相应商品流通的组织和个人。按照 SCP 分析模型，结构决定行为，行为决定绩效，在农村流通体系中，主体结构的状况在某种程度上决定着整个流通体系的运行状况和效率。

第一，生产者是流通体系的重要主体。一方面，从一般意义上说，生产者在出售自己商品的同时，还要从其他生产者购买自己生存和扩大再生产所需要的商品。另一方面，从未来发展趋势来看，流通与生产日益融合，生产企业本身既是商品的制造者，也可能同时是流通的组织者。在现实存在的商贸活动中，随着商品经济的高度发达，一些大型生产企业通过上下游产业链的整合，不但控制了上游的资源环节，而且在下游建立了庞大的自销网络，参与到整个流通过程始终，供产销一体化趋势明显。这里，我们很难分清，这些企业到底是生产企业，还是流通企业。对农村流通而言，生产者主要是指农户和农业生产资料、农村日用工业消费品的生产企业。农户和相关工业品生产企业，在流通中，既是农产品、农业生产资料和农村日用工业品的制造者，同时也是商品流通的参与者，在流通中扮演重要角色。对农产品的生产者农民而言，现在不少国家都建立了具有较强稳定性、竞争力的专业农产品协会或组织，这些协会不仅从事农产品的生产和加工，而且从事农产品流通。甚至一些较大的专业协会或组织，控制了某类农产品或某个地区整个相关农产品的销售。

第二，商贸企业是流通体系的重要主体。这里所说的商贸企业，主要指具有独立法人资格、专门从事农产品、农业生产资料和日用工业消费品的企业组织。对于农村流通体系来说，主要指具有独立法人资格、专门从事农产品、农业生产资料和农村日用工业消费品的企业组织。这些企业或组织，处于生产者和消费者之间，起到商品交换的中介作用，是商品流通的主要组织者和推动者。他们的赢利模式，基本是通过价差和增值服务来实现，即通过向生产者购买、向消费者出售，来实现赢利。其中，销售是一切行为的核心，中间的流通环节如收购、运输、存储、包装分类、定价乃至售后服务等，都是为了更好的实现销售，以获得最大利润。在一个单独的商品流通过程中，商贸企业可以是一个，也可以是两个，还可以是多个。流通中商贸企业的多少，主要看商贸企业本身的规模、商贸企业与生产者的关系、生产者的规模等因素。如果商贸企业本身规模够大，具有独立完成一整套包括收购、运输、存储、包装分类、定价乃至售后服务等流通业务，那么在整个流通过程中，流通商可能就只有这个企业。一般来说，商贸企业规模较大，与生产者关系密切，信息反馈及时，流通成本就低，商贸企业采购量、运输量和销售量就能增大，从而在固定需求水平下专门从事商贸流通的这类企业就少。相反，如果商贸企业规模较小，那众多流通环节就会由众多不同功能的企业所承担；如果供求信息不及时、准确，采购成本就会增加，相应的环节就会由和生产者关系更密切的商贸企业来完成。事实上，由于农村市场与城市市场的分割以及农村流通基础设施的落后，商贸企业在农村流通中所面对的复杂环境远远超过成熟的城市市场。因此，为了规避农村流通中可能存在的风险，对同一个农产品、农业生产资料或农村日用工业消费品的流通来说，商贸企业数量更多，相互关系也更复杂。

第三，小商小贩是流通主体的重要组成部分。小商小贩的存在是由流通环境的多样性决定的。这里所说的小商小贩，主要是指在商品流通中不具有独立法人地位，没有固定经营场所和工具，专门或兼职从事商品流通的个人。在农村流通体系运行中，小商小贩专指那些在农村从事农产品收购和农业生产资料、农村日用工业消费品销售的，不具有独立法人地位，没有固定经营场所和工具，专门或兼职从事商品流通的个人。从定义来看，小商小贩具有三个明显的特点，由此也就决定了他们在流通特别是农村流通中的独特作用。一个是小，没有固定场所，没有高比例的固定资产，因此决定他们在收购、销售中的灵活性，对供应市场信息更敏感，反应也更快。其经营品种、范围、场所会根据市场需求变化而随之改变。二是负担低，小商小贩的一个典型特征就是不用承担各种在流通中需要缴纳的各种固定税赋[①]，成本相对较低，这部分利润可以转化成消费者剩余，为小商小贩赢得更有竞争力的价格优势。三是流动性。这在广袤农村的优势尤为明显。一方面，为农村消费提供了便利。不少农村地区居民生活、居住相对分散，且购买规模相对较小，小商小贩在走村串户方面具有优势。而一些商贸企业，会由于消费者的分散性，增加经营成本而无法将销售网络延伸到一些地方。另一方面，广大农户的"小生产"特性，与小商小贩这个"小社会"不矛盾，甚至对接起来还有相当优势。

第四，消费者是农村流通主体的重要组成部分。尽管从流通的过程来看，消费在推动流通向前中没有明显的作用。但消费作为交换的另一边，是流通的终点。消费者需要什么？愿意通过什么方式得到？直接影响着流通最终能否完成。对农村流通体系来说，农户既是生产者又是消费者的独特地位，使得消费在流通中显得更加重要。尤其值得说明的是，农村流通体系不仅要解决"卖难"，还要解决"买难"的问题。从这个角度考虑，消费者在农村流通主体中具有不同于一般流通主体的特殊意义。

（二）流通体系的客体及构成

流通体系的客体，也即流通的对象、商品。商品属性在相当大程度上决定着流通的属性。因此，研究流通体系的运行机理，非常有必要研究流通客体的种类和在流通中的形态变化，以及受此影响所形成的一系列流通渠道和形式。

首先，从商品产业属性来看流通体系的客体构成。这是当前理论界关注的一个重点。根据国家统计局公布的"统计用产品分类目录"，将产品类别共分

[①] 财政部、税务总局以及各地财税部门曾对小商小贩纳税有所要求，但因小商小贩的高度流动性，使得实际税赋征收很少。

为 97 项。其中，商品，按照现行分类标准，一般分为农产品、生产资料和日用工业消费品。对农村流通体系而言，流通客体按商品分类可分为农产品，包括粮食、蔬菜、水果等；农业生产资料，主要是化肥、农药等农业生产所必需的工业用品；农村日用工业消费品，主要包括日化、包装食品以及电视等家庭消费耐用品。从农产品、农业生产资料到农村日用工业消费品，因产品属性不同，导致流通渠道和方式在符合一般流通规律的同时也会有一些固有的差异。比如，农产品因易腐败等特性，受季节、天气、存储和运输工具的影响很大，使得这种商品从包装、存储到运输都有比一般商品更高的要求。因此，提高农产品流通效率的途径除了一般商品的共同要求外，还可以根据农产品特殊商品属性采取特殊办法，来较少流通中的损耗，从而降低成本、提高效率。

第二，从商品的自然和社会属性来看流通体系的客体构成。马克思主义经典作家认为，商品作为用来交换的劳动产品，具有使用价值和价值。使用价值属于商品的自然属性，是物品能够满足人们某类需要的属性，是交换价值的物质承担者，一定要通过交换来实现，是人类赖以生存、发展的物质基础。价值是社会属性，是本质因素，是凝结在商品中的无差别的一般人类劳动，是交换价值的基础。任何一种商品都是价值和使用价值的矛盾统一体，两者存在对立统一的关系：一方面，两个价值都处于一个统一体即商品中，价值要以使用价值为前提，使用价值是价值的物质承担者。价值是商品中最本质的因素，仅有使用价值，没有价值，也不能成为商品；有些物品虽然既有使有价值，又是劳动产品，但没有用于交换，因而没有形成价值，也不是商品。商品的使用价值和价值不能同时归卖者或买者中任何一方所有。生产者生产商品的目的是为了取得无差别的劳动价值，这就需要把使用价值让渡出去；消费者来说，购买商品是为了得到使用价值，因此必须通过一定的等价物来支付价值。总之，两种价值既相互统一又相互矛盾。只有整个流通过程完成，商品的两种价值才能够分别得以实现，商品内在的矛盾才能得到解决。

从马克思主义的经典判断中，我们可以清晰地看到，商品的使用价值和价值在流通过程中可以分开，"商品二重性矛盾本身就孕育着二者分离的可能性"[①]。王微（2002）把商品在流通中所发生的价值形态的变化及由此产生的

---

① 王微：《商品流通网络》，中国发展出版社，2002 年 2 月版，第 23 页。

所有权的转移，叫做价值流通，即商流；把商品实体从生产到消费的物理运动，称为实体流通，简称物流。商流主要是所有权的流通，实现的商品的无差别价值；物流实现的商品的使用价值，是商品的实体流通。

在复杂市场经济条件下，商流与物流的不同分离、结合方式，形成了不同的交易方式，并直接影响到流通渠道形成和效率。具体来说，商流和物流的分离、结合方式主要有四种：

第一种，部分环节分离。以农产品为例，最常见的商流和物流分离和结合形式如图 3.1.1[1]。农产品进入流通体系后，商流和物流同时开始转移，但在产地批发商、销地批发商和零售商环节，商流和物流，也就是所有权和使用权都发生了分离。商流流通的路径是生产者——产地批发商——销地批发商——零售商——消费者，物流流通的路径是生产者——消费者。产地批发商、销地批发商和零售商，拥有的是流通农产品的所有权，但没有使用权，所有权在这些中间商中几易其手。使用权是在一次流通中完成其最终转移过程的，即从生产到最终消费。所有权，即商流所以要经过这么多环节，主要是为了最终成功转移使用权，从而实现价值。一般来说，商流和物流分离的环节越多，意味着流通所经的环节越多，成本也就越高。

第二种，是物流在后，商流在前。即通过签订某种合同契约，先实现所有权的流通。比如在农产品流通中的订单式生产。企业（可以是商贸企业也可以是最终消费用户）事先以订单的形式对农产品购买进行预定，并预先支付一定保证金。然后等农产品收获后，再通过运输环节完成物流的过程。值得注意的是，物流在后，商流在前一定要在信息能够有效传递和诚信的条件下。否则，很容易出现消费企业或生产者的违约。相关分析在讨论流通体系有效运行的外部条件时，将进行详细阐述。

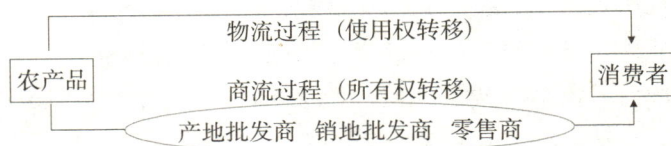

图 3.1.1 商流和物流分离结合形式

---

[1] 货币流通的过程，与商品商流、物流的过程相反，是从消费者到生产者。

　　第三种，是商流在后，物流在前。在商品买卖中，这种情况一般以赊销、分期付款、代销等信用消费形式来表现。但在农村流通体系的运行中，这种情况还比较少见。农村经济的滞后性、农村产权的不稳定性和农村社会信用体系建设的落后，更主要的是农民作为流通主体的一极（生产者和消费者）的小生产形式和分散型，使得建立在个人信用基础上流通交换形式很难发展。随着农村经济的发展、基础设施的不断完善，赊销、分期付款、代销为主的新型流通将会获得较大发展。

　　第四种，是商流和物流同步进行。这种属于生产者和零售商融合的形式，即生产者本身就是零售商。生产在出售流通客体的同时，其使用权和所有权同时被消费者所购得。商流和物流同步进行，主要出现在两种情形下，一种是在小生产大市场的情况下，一些生产者因为种种原因，不能通过专业的渠道把产品卖出去，而是通过自己到市场或城镇集市上进行自产自卖。特点买卖方规模都比较小、商品的出售者既是生产者又是零售商。另外一种是生产者具有足够规模，直接进入销地零售市场将商品出售给消费者。在农村流通体系运行中，现在不少厂家在农村、乡镇设立的直销店，农民专业合作组织在城市零售市场设立品牌农产品专卖，都具有这方面特点。

　　总之，商流和物流在农村流通体系运行过程中不同程度和意义上的分离，代表着流通客体的不同流通方式，是小生产与大流通、大生产与大流通、小生产与小流通之间关系的不同表现形式。在整个流通过程中，从客体的角度讲，也就是商流和物流，或者说所有权和使用权的分离、统一过程。

　　当然，商流和物流在本质是紧密联系的，在同一个流通过程中，两者最终是必须统一的。因为如果商流不通畅，物流就必然受到影响，最终甚至形成事半功倍的效果。不仅在农村流通体系运行中，在整个商品流通体系运行过程中，都存在商流决定物流的数量和方向、物流是商流运行的基础。其中，后一点在农产品流通中非常重要。农产品属于易损产品，在流通过程中对运输设备、气温和时间有着更高的要求，如果没有达到一定标准，商品就失去了应有使用价值，商流和价值的实现也就没有了意义。

（三）流通体系的渠道及构成

　　如前所述，流通渠道是流通体系运行过程中，流通客体从生产者到消费者所经过的环节及方式。从结构上看，渠道包括数量、长短、宽窄等方面。纵向的长短根据中间商购销环节分为零级、一级、二级等渠道。同时，根据中间商数量或者有无中间商，还把渠道分为直接和间接渠道，或者长渠道和短渠道[①]。

流通体系的渠道结构或者说什么样的流通渠道在某种程度上是由流通主体的结构及关系、流通客体的特性以及流通环境决定的。

首先看流通主体的结构和关系对流通渠道的影响。一是流通主体的结构，即流通过程是由哪些流通主体组成的、由多少流通主体组成的。在农村流通体系中，流通主体的多少，在某种程度上也就意味着流通环节的多寡，流通渠道的长短。以农村日用工业消费品为例，除了生产厂家和农户外，中间还有一系列中间经销商，从总经销商到区域经销商再到省市经销商再到县乡，显然要比总经销商到区域经销商到零售终端的环节要多，更比直接到零售终端环节多，在管理水平相同的情况下，成本自然也是环节越多成本越高。

二是流通主体的特点。流通主体特点包括规模、组成性质等。从规模特点看，存在规模或者不规模。规模，即流通主体所承担的流通客体的数量较大。流通主体的规模大小可以通过短期成本法、最小总费用法、最小费用函数法、成本函数法等多种静态、动态分析方法确定。在考虑到一定时间内农村流通总量和总效益相对一定的情况下，流通主体的规模越大，流通主体的个数也就越少，流通主体获得的效益也就越高，也就意味着流通渠道越畅通、越合理。从组成性质看，流通主体可以是单个人或一个家庭，也可以是一个企业，还可以是众多家庭的合作组织或多种企业组成联盟。即使同是企业，也有很多区别。以零售主体为例，它既可以是普通店面，也可以是连锁超市；既可以是直销点，也可以是个体经营户。不同性质的主体内部的效率不同，在流通体系运行中的话语权也显然不同。

三是流通主体之间的关系。生产者与经销商关系更密切，或者是与消费者关系更密切，所形成的流通渠道是不一样的。生产者与批发商联系更紧密，还是与零售商关系更紧密，所形成的流通渠道肯定也是不一样的。在一个农产品流通过程中，"生产者——批发商——零售商——消费者"和"生产者——零售商——消费者"所暗含的主体关系显然是不同的，与"生产者——消费者"

---

① 王晓东、吴中宝：《中国流通改革理论回顾与评述》，中国人民大学出版社 2009 年版，第 49 页。

所暗含的主体关系更是不同。假设生产者和零售商关系密切，两者的信息传递自然就更顺畅，就更有可能形成"生产者——零售商——消费者"的流通渠道；相反，如果生产者与零售商、消费者之间各种壁垒较大，各自单独运行，生产者要出售农产品，就必须借助关系更紧密地中间环节来衔接与零售终端的关系，于是就可能形成"生产者——批发商——零售商——消费者"的流通渠道模式。

第二，流通客体特性。流通客体的特性主要是指流通商品的产品类别、产品特点。就农村流通体系而言，农村流通商品的特性可分为农产品特性、农业生产资料特性和农村日用工业消费品特性。每一种商品的特性都有自身独特的地方。农产品的特性是品种多、易损耗、季节性强；农业生产资料的特性是品种结构简单、生产厂家数量少、存储要求高、销售对象固定；农业日用工业消费品特性是种类多、买卖双方信息不对称、生产厂家数量多。

一般来说，商品特性决定流通特性。不同的流通客体，对流通渠道的偏好是不同的，对流通渠道的要求也是不同的。农产品流通由于品种多、易损耗、季节性强等特点，更偏好短频快的渠道，这样的渠道给各方流通主体造成的损失更小、带来的收益更高。农业生产资料由于生产厂家数量少、存储要求高、销售对象固定，更强调对某个区域的控制力、影响力，因此更偏好严密的逐级的经销代理制。农业日用工业消费品种类繁杂，买卖双方信息不对称严重、生产厂家数量多，渠道建设更重视与竞争对手的竞争，渠道选择也就多种多样。

此外，形成什么样的流通渠道，还有赖于流通载体和流通环境的状态。流通环境主要包括基础设施条件、财税条件以及其他政策条件等。基础设施条件又包括软件和硬件条件。硬件条件主要指流通基础设施建设，软件主要指流通信息平台建设和科技支撑体系建设。流通载体和环境对渠道的选择有着显著的影响。在有利于流通成本降低的条件下，流通渠道自然倾向选择具有更高效率的模式。反之，流通条件恶劣，必然会提高流通的成本，流通渠道也必然会增加一些不必要的环节。

第二节　流通体系形成与运行的机理

任何阶段流通体系的形成，都是生产力发展到一定阶段的产物，其形成与运行都有着规律性的动力机制和利益驱动。

（一）流通体系形成和完善的动力机制

社会分工是人类发展到一定生产力水平下的产物，是人类社会在经济领域里进行合理的劳动而把劳动专业化的做法①，是商品流通发展的重要动力，是推动流通体系形成和发展的根本动力。

一是社会分工是农村流通体系形成的根本动力。

流通的出现并不是与人类出现同时的，而是在社会生产力发展到一定程度、随着三次社会大分工出现并随着人类文明与进步逐步发展起来的。农村流通的出现，更是发生在城乡分离之后。恩格斯在《家庭、私有制和国家的起源》一书中提出了发生在东大陆原始社会后期的三次社会大分工。第一次社会大分工是发生于原始社会野蛮时期的中级阶段，游牧部落从其余的野蛮人群中分离出来。第一次社会大分工之后，促进了商品交换。在这之前，由于剩余产品极少，不同的氏族、部落之间，只存在个别的、偶然的交换。自从畜牧业成为独立生产部门后，生产效率提高了，产品剩余增多，经常性交换出现。

第二次社会大分工是发生在原始社会高级阶段的手工业与农业的分离。第一次社会大分工后，生产力有了进一步的发展，农业发展迈出了重要的一步，

---

① 林文益：《贸易经济学》，中国财政经济出版社 1995 年版，第 9 页。

农产品越来越多，为人类提供了经常的、可靠的食物。农业的发展为手工业的发展与壮大奠定了基础。冶金、制陶等手工业陆续发达起来，手工业种类更加丰富，生产工艺流程更加复杂。在这种情况下，发生了第二次大分工：手工业和农业分离了。随着生产分为农业和手工业这两大主要部门，便出现了直接以交换为目的的商品生产，促进了生产规模的扩大和劳动生产率的提高。那些主要以手工业生产为主的人们逐步脱离了土地，并在一些资源、交通、交换便利的地点集中定居，用他们生产的产品与那些专门从事农业生产的劳动者进行交换，农业从业者因为便利性需要也更倾向于到一个手工业品集中的地点完成农工业品之间的交换，从而出现并促进不少专门以产品交换为目的的城镇的出现。这种交换集聚地，也就是简单的物物交换方式的工商业集聚点，又进一步推动了真正意义上的城镇的发展，引起了城乡的分离。因此，马克思说："某一民族内部的分工，首先引起工商业劳动和农业的分离，从而也引起城乡的分离和城乡利益的对立"①。反过来，引起城乡的分离，必然地会给城乡的商业活动带来影响。

到了奴隶社会形成初期，社会上出现了一个不从事生产、只从事商品交换的商人，这也就是第三次社会大分工。第二次社会大分工后，商品交换日益频繁，交换地区不断扩大，迫切需要专门经营商品交换业务的人从事这些工作，商人就这样出现了，同时也产生了专门从事商品交换的商业部门。工商业的发展，让城乡的分界更加明显，农村流通体系作为一个单独的体系开始独立运行。

纵观世界历史，可以得出这样的结论：农村流通体系的产生和发展必须具备两个基本条件：一个是农业生产力发展，出现农产品剩余，使得不从事农业劳动的人能够有机会获得基本的生活必需品；二是农业劳动力剩余。也就是说，当农业生产力创造的农产品，除了第一产业从业者及其实际所需的份额以外还有剩余时，交换才有可能，城市的兴起才有可能，流通体系的运行才有可能。下面的图示 3.2.1 较清晰地展示了流通产生发展的原因与流通体系对城乡格局的影响。

---

① 马克思、恩格斯：《马克思恩格斯选集》(第 1 卷)，人民出版社，1974 年版，第 25 页。

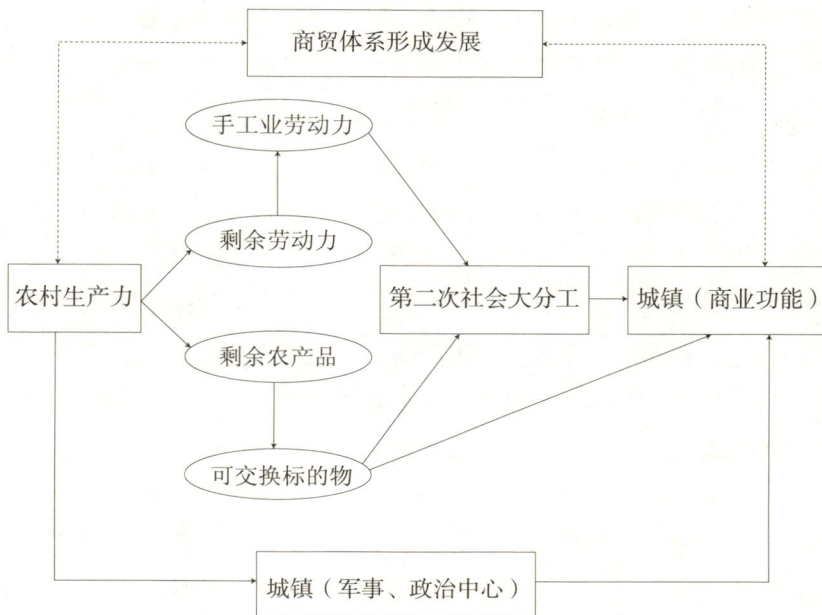

图 3.2.1 流通体系对城乡格局影响

二是社会分工是影响流通体系运行的重要力量。

人类贸易发展史的实践表明，社会分工通过改变流通体系的主体、客体和渠道，在流通体系的运行和进步中发挥着重要作用。

在人类社会早期，没有真正意义上的分工，所谓的自然分工仅仅是同一氏族内部根据年龄、性别和身体强壮程度等差别而进行工作分配。由于劳动剩余很少，或者根本没有劳动剩余，所以不存在一般意义上的商品交换，偶尔的交换随机性很大，没有相对稳定的体系而言。

随着分工的深化，作为贸易中心节点的城镇出现。城镇一方面作为大量商品交换的集聚点，另一方面作为军事壁垒和军民生活的中心，在流通体系中发挥了载体作用。这种以一个或若干个城镇为中心载体的流通体系，本身也经历了一个漫长的过程。最初是建立在偶然交换活动后对下一次交换时间和地点的约定。这一约定可能由两个主体逐渐发展到更多主体。于是出现了定期集市。集市反过来又吸引更多的生产者、消费者向这里聚集。

第三次社会大分工后，专业从事流通的商人出现，商人在生产者和消费者之间搭建起了沟通的桥梁。商品流通活动的专业化发展，使得商人交易方式、手段不断改善，由此使得贸易的范围进一步扩大，流通的效率进一步提升。一般来说，任何经济行为都会沿着最小成本的方向发展。在这种情况下，原有城镇功能进一步分化，有的就成为了主要贸易中心，这些城市一般人口密度较大，交通较为发达。在这些贸易中心周围，通常存在着规模不等的农村或小型城镇集市，用于邻近的各种生活用品如纺织品、粮食和一些常用器具的集聚和流通。

进入近现代以来，社会分工的一个突出变化是进入到了专业化的生产者必须进行专业分工协作才能完成产品生产的高级阶段。受此影响，除了以城市为中心的商品流通快速发展外，以企业为中心和以产品为中心的流通也得到极大发展，商品流通体系主体、客体的数量和结构以及流通渠道的结构都发生了巨大变化，专业批发市场空前活跃。

由于产业革命和信息技术革命所带来交通运输、运输技术和现代通信工作在流通领域的广泛应用，大大降低了流通的运输成本，商品流通的方向不再因外在物质条件的约束只能在某个范围内进行扩张，而是可以全方位发展，发展的重点主要取决于利润的大小而不是条件是否适合。建立在分工基础上的产供销一体化模式出现并得到广泛认同，商品流通体系正在逐渐成为组织与组织间相互协作的网络。

（二）流通体系形成和运行的利益机制

从根本上看，商品流通背后反映的是人与人的关系。在流通体系里，即生产者、贸易商和消费者这些流通主体的关系。这种关系能否顺利实现，即流通过程能否顺利完成和怎样完成，在很大程度上要看流通主体之间的利益均衡点。这需要参加流通的各方主体都认为是有利的，并且在某种程度上最终达成了一致。对同一农产品、农业生产资料或者农村日用工业消费品而言，要看这一客体在流通中有多少生产者、多少贸易商和多少消费者，以及这些主体反映出来供求关系。例如，在一个完整的农产品流通过程中，农户作为单个流通主体的利益追求，不仅受到与产地批发商关系的约束，而且受到农产品流通中其他主体如销地批发商、零售商以及消费者的共同约束。只有当农户的利益追求与共同的利益追求一致时，才能完成一个完整的流通过程。农户的利益追求在反复的农产品流通中，会形成一种相对固定的赢利模式和价值标准。其中,流通主体中的生产者与贸易商、或者消费者关系的紧密程度,直接影响到流通渠道的形式,影响到流通体系的运行效率。

总的来说,商品流通体系中的利益关系主要有以下几种:

(1) 生产者与商业组织(包括商贸企业和小商小贩等)的利益关系,也就是一般所说的产销关系,其本质上是生产和交换的关系。商业组织是生产力发展到一定水平的产物,商品交换是其专门职能,也是其实现利润的方式和手段。它处于生产者和消费者之间,既起到了连接纽带的作用,三者之间相互依存;也是和生产者相对的竞争者,在某种程度上两者利益存在此消彼长的关系。这种此消彼长的关系突出表现在生产者和商业组织之间在利润分割上的对立。按照渠道权力理论,两者之间利润分割无论向哪个渠道倾斜,都会对整个流通体系产生较大影响。实现流通体系的高效运行,应该保持渠道权力的均衡,即等量投入获得相对平均的收益。这种此消彼长的关系还突出表现在商品销售数量的冲突。生产者本身也可以成为商业组织,因此也就存在着生产者与商业组织之间销售比例的矛盾。不同的销售比例,反映着不同的流通形式和利润分配形式。但利润分配总是向着有利于最大限度提高流通体系运行效率的方向发展。

对农村流通体系而言,它的生产者和商业组织的利益关系本身既具有一般流通体系的特点,也有自身的一些特殊性。首先农产品生产的季节性、分散性和周期性都很强,而农产品消费却是长期的、不分季节的,并且相对集中的。这一差异使得专业商业组织的存在非常有必要。专业商业组织可以通过合理的存储、运输和分配机制,实现农产品产销的对接。其次是农业生产资料生产具有长期性、集中性等特点,而农业生产具有季节性和分散性(遍布全国各地),因此,生产企业销售网络的建设十分重要。

(2) 生产者和消费者之间的利益关系,即一般所说的供求关系。不一样的价格水平,消费者最终的购买规模是不一样的。商品的需要是指在固定时期内对应各种价格的购买的商品数量总和。假设消费者的实际购买力不变,价格越高,购买的商品数量越少,生产者卖出的商品也就越少。消费者最终支付的价格基本代表着消费者能从该价格商品所获得效用,而生产者出售的价格则意味着生产者的利益追求。在流通过程中,消费者总是希望价格越来越低,生产者总是希望价格越高越好。只有消费者和生产者在价格诉求上达到一致，商品流通才能完成。

在考虑到收入相对固定的情况下，价格的高低主要取决于三个因素：一是生产者的成本；二是流通的成本；三是市场供求关系。生产者的成本与生产技术条件、生产者规模等有关，这属于主体结构和行为的问题，我们将在以后的章节里专门讨论。流通成本是弹性较大的因素，生产者出售商品的价格一般都会高于成本价，这也是生产者进行生产的前提，而要顺畅的以较高的价格成功的出售给消费者，最重要的一个途径就是在流通上做文章。因此，一个健全的流通体系中，生产者有在改善流通上有明显的利益驱动。市场供求关系是影响价格的决定性因素，供不应求价格会上升，供过于求价格会下跌。在物质生产极大丰富的情况下，绝对的供不应求大多已经不存在了，更多的是信息不对称下结构性的供不应求，一方面在某些地方上较为缺乏，另一方面在另外一些地方卖不出去，这在农产品流通中较容易出现。

（3）商业组织与商业组织之间的利益关系。在流通体系运行中，商业组织与商业组织之间的利益矛盾，主要表现在两个方面：一个是同业竞争；一个是分工竞争。同业竞争指的是不同商业组织在承担的流通客体一样、区域相对一致的情况下的竞争。因为对同一商品流通而言，在单位时间内，市场需求相对固定，供给变化幅度也不会大，一些流通组织占有的市场份额大，获得的利益多，自然另外一些流通组织所占有的市场份额就小，获得的利益也就少。分工竞争是指在同一流通过程中承担不同流通功能的商业组织之间的利益冲突。如在农产品流通中，存在着批发商、运输商和零售商等分工竞争。应该说，每一种利益要求和组织结构，都是基于流通的某些特性而出现的。如果不同商业组织之间的利益不能达成一致，就会影响到商业组织的经营行为，从而影响到流通体系的有效运行。

总之，流通主体之间形成什么样利益关系，就会产生什么样的流通体系。流通体系的持续和推进，都是基于那些相对稳固的、相对均衡的、反复发生的主体利益关系的基础之上的，商业本质上是利他行为①，这是流通体系能够正常运行的一个基本原则。在某种程度上可以说，商品流通体系

---

① 黄国雄：论流通产业是基础产业，《财贸经济》，2005 年第 2 期，第 61 页。

就是不同流通主体之间围绕商品流通产生的利益关系的集合，商品流通体系的发展和完善也是建立在不同流通主体之间利益关系的调整和优化之上的。

随着社会分工水平的不同深化和经济贸易往来的大幅增加，流通中各种各样主体的数量、性质都在发生变化，流通客体的种类、数量和规模也在明显增加。面对大量可供选择的主体对象，如何建立起既能实现最大利润又能保持稳定的利益关系，是商品流通体系健康运行和不断完善的关键所在。纵观人类商品流通历史，人类从最初的偶然交易到时间、地点相对固定的集市贸易，再到贸易中心城市的出现；从简单的对手交易，到大规模的商品流通，再到现代的期货交易，都生动体现着不同流通主体对建立高效流通体系的努力和探索。

利益是流通体系主体之间建立相对固定交易关系、流通渠道的驱动因素，同时也是促使流通主体完善原有体系、建立新的长期流通关系的重要动力。这是由于在原有流通体系外部仍有许多新的交易主体，对一个流通主体来说，如果与这些主体进行交易能获得比原来更大的利益，那么这个主体就有了建立新的流通关系的动力。一旦外部利益足够大而且相对稳固，足以在抵消机会成本的基础上还有更好收益，那么动力就可能变成行动。这种巨大利益的诱惑和这个主体的示范效应，会吸引更多主体倾向于建立这种新的利益关系，建立新的利益平衡点，这样一个建立在新的利益关系基础上的流通体系也就产生了。这个流通体系可能是对原有流通体系的局部优化，但也有的是完全颠覆。如下图 3.2.2 所示，假设在某商品中的两个流通主体 A 和 B，在利益均衡点 P 建立了相对稳固的流通体系。但当 C 出现后，A 和 C 产生了新的利益均衡点 P'，明显 P'>P，即在 P' 主体 A 能实现更大利益。由此导致主体 A 和 B 中断流通关系，而是和 C 建立新的流通关系。

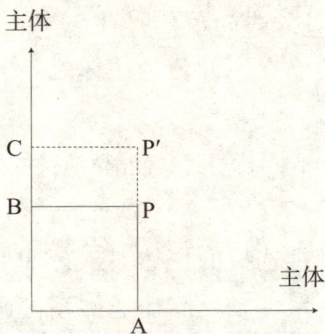

图 3.2.2 流通主体利益均衡变化

主体 A 的行为会产生很大的示范效应，吸引包括主体 B 等更多主体在 P′ 这个利益均衡点上实现新的均衡。这种行为一旦成为绝大多数主体的共同行动，原有的流通体系也就被打破，代之以新的体系。

（三）流通体系运行的支撑条件

一定的商品流通体系总是与一定的生产力发展水平相适应的。商品流通体系的形成和发展不仅会受到社会分工的影响和内部利益诉求的推动，而且还要受到经济社会发展水平的制约。这里所说的经济社会发展水平也就是外部条件，主要是指对流通体系运行有重大影响的信息条件、交通条件以及财税条件等，它们是形成流通体系运行外生交易费用的源泉，外生交易费用的大小主要取决于这些支撑条件的状况。

信息条件是商品流通体系健康运行的前提条件。只有直接或间接知道商品的供求信息，流通主体之间才会发生交易关系。商品流通的过程，本身也是不断传递、反馈供求信息的过程。信息传递、反馈的速度如何，及时与否，直接关系到每个市场主体对商品流通的分析、判断和准确预测。在买方市场条件下，信息不畅是供求失衡出现的主要原因，信息顺畅是减少流通环节、提高流通效率的重要渠道。

信息的传递包括信源和信宿和传递通道，见图 3.2.3。信源也就是信息的发布者，信宿是信息的接受者。从供求信息的角度看，生产者是信源，产品的数量、结构、品种是要发布的信息；消费者是信宿，同时也是信息的反馈者，即通过购买的数量、结构和品种等需求信息，向生产者反馈生产的产品数量、结构和品种的合理性。生产者由此来判断应该生产什么，生产多少，生产工艺和技术向哪个方向发展。在理想状态下，生产者有关生产的信息会全部传递给消费者，消费者反馈回来的信息也会完整地到达生产者，最终供给和需求达到了一个高度均衡，按需生产和按产定需实现一致，买卖双方利益均实现最优状态。但事实上，由于距离、传递手段等等原因，消费者和生产者不能面对面进行信息传递和反馈，信息传递存在明显的递减效应，即信息量、准确度随着传递时间、距离而逐步降低或者说出现损耗。而且，在商品流通过程中，信息传递十分复杂，生产者也就是信源并不是一个，而是有很多，这使得信息传递和反馈更加复杂。

图 3.2.3 流通中信息的传递过程

减少信息传递中的损耗，要从信息传递的另一个环节入手，即从信道或者说信息传递的载体着手，努力提高信息传递载体的传递和反馈效率，即提高传输容量、保真度，减少信息传递时间差。传输容量是指一定信道所能传递的最大限度的市场信息量；保真度是市场信息未发生畸变的程度，误码率越小，传输的信息失真越少（信道误码率 = 失真信息源 / 传输的总信息源）；时间差是指市场信息在信道中传递的快慢程度。从中可以看出，提高传输容量、保真度，减少信息传递时间差，提高信道的信息传递效率，是提高流通体系运行效率的有效途径。那么如何提高信道的信息传递效率呢？这主要看信道是由什么载体来充当的。一般来说，信道既可以由生产者和消费者之间商业组织等流通主体来充当，也可以由单独的第三方流通载体来充当。在由商业组织等流通主体来承担信道任务时，提高信道的信息传递效率就要从这些商业组织着手，加快这些主体的信息化建设。

交通运输条件是影响商品流通体系运行的另一个重要的支撑条件。交通运输条件主要是指流通过程中所涉及的交通基础设施建设情况，具体包括道路条件、运输工具和交通成本。生产和消费时空的分离性，使得任何商品的流通都要经过必要的运输环节，商品所有权和使用权的转让也必然伴随着某种形式的空间运动。而这种空间运动的完成要依赖运输交通等基础设施。在农村流通体系中，农产品、农业生产资料和农村日用工业消费品的流通能够将生产者、商业组织和消费者联系在一起，这与交通运输的空间衔接密不可分。从生产者到批发商再到零售商，每个环节都有交通运输的存在，交通运输成本也是形成最终商品价格的组成部分之一，对农村流通体系的发展变化有着重要的促进和约束作用。

交通运输条件对流通体系的促进和约束作用，主要通过三方面来表现。一是道路条件对流通的影响。道路既包括铁路、公路，也包括海上交通基础设施建设和空港基础设施建设情况。较好的道路条件，不仅会减少交通工具的损耗，降低运输的成本，而且会减少商品在运输中的损耗。尤其在农村流通体系运行中，从田间地头到销售市场之间的"一公里"因为道路条件较差，常常是农产品外运的主要障碍之一。历史上不少交通枢纽或发达地区，都成了流通的重要节点，也是一个很好的证明。二是运输工具。交通工具种类很多，有汽车、轮船、飞机；有封闭式的运输工具，也有敞开式的运输工具；有侧重保鲜功能的运输工具，还有侧重防火功能的运输工具；有小容量的运输工具，也有大容量的运输工具。不同的流通客体对运输工具有不同的要求，不同的交通运输工具达到的流通效果各有不同，运输工具的选择直接关系到使用价值实现的程度。三是交通成本。交通成本指的是为了维持正常交通运输所要支付的成本。主要包括动力成本、路桥通过成本和交通工具折旧成本。一般来说，交通成本在流通成本中占有较大比重。减少流通成本，提高流通体系的运行效率，就要努力把交通成本降下来。其中，动力成本的减少主要靠交通工具的节能性和汽油等主要动力能源的价格的降低；路桥通过成本的降低，主要是主管行政机关的责任；交通工具折旧与道路条件关系较大。

当然，在现实中的商品流通中，交通运输条件因为交通工具、道路条件等的复杂性和多样性而变得千变万化。任何一个交通运输环节，都可能会影响到整个流通体系的运行。建立高效、节约、覆盖城乡的现代交通体系，是推动农村流通体系不断发展的重要要求。

财税条件是商品流通体系运行的重要约束条件。这里所说的财税条件，主要是指商品流通所经地区财政政策和税收政策，这里我们把行政性收费和垄断企业的收费都归为财税条件。财税条件可以分为流通支持型财税条件和流通抑制型财税条件。在我国漫长的封建社会时期，由于重农抑商思想，商人的地位较低，商品流通在总体上受到抑制。现代社会，商品流通的先导性作用逐渐被大多数人所认可，财税政策都在向有利于商品流通发展的方向倾斜。但由于种种原因，尤其是体制机制性原因，导致许多情况下流通支持型财税条件流于形式，各种约定俗成的财税环节，成了流通财税成本的重头，入场费、过路费、过桥费等各种名目的收费给流通体系的运行造成了不良影响。

　　总之，商品流通体系的形成与发展，与交通、信息传递和财税等外在物质条件密不可分。交通运输方式和交通工具的多种组合、信息传递方式的不同，再加上复杂的财税条件和社会信用环境，共同推动商品流通体系呈现出不同的运行方式。可以说，商品流通体系是多种内外因素共同作用的结果，任何一个环节出现问题，都可能影响到流通体系的最终运行方式和运行效果。

第三节 健全商品流通体系的特性

如前所述，任何流通体系的形成都是一定生产力发展水平下的产物，它本身是一个不断完善、不断健全的过程。在一定的经济社会发展水平下，流通体系在流通主体之间利益博弈中不断完善，最终实现与经济社会发展水平的高度适应，同时展现出了一些有规律的特性。

（一）高效性

健全的商品流通体系的高效性是指在一定生产力发展水平下，流通要素得到高效利用，流通主体共同利益实现帕累托最优。也就是说，高效性本身是个动态的概念，它会随着经济社会发展的变化而有新的要求。

健全的商品流通体系的高效性主要有两个原因：

一个是健全的流通体系是流通主体、客体和渠道紧密结合的整体，流通体系的形成总是建立在不同流通主体利益长期达成一致的基础之上。由于不同流通主体之间存在共同利益，从而就减少了因为利益不一致甚至冲突而引起的商品流通的浪费和停滞。相反，在不健全的商品流通体系下，每个流通主体为了追求利益最大化而不惜牺牲共同利益，采取一切可能的手段实现短期利益的最大化。这样做的结果，是某些流通主体利益得到极大满足，而另外一些流通主体利益受损。这部分利益受损的流通主体为了降低自己的利益损失，必然通过尽可能的手段，比如降低流通量，改变客体结构、品质等办法来降低成本，从而导致整个流通体系的运行效率降低。

另一个原因是健全的流通体系总是建立在各个流通环节合理配置的基础之上的。流通的存在，主要是为了顺利地实现生产者供给与消费者需求的对接。

一般来说，供给和需求之间总是因为时间和空间分离而出现矛盾，通过流通环节的合理配置能有效解决生产和消费之间的空间分离和时间分离。商品流通体系是商品流通主体、客体和渠道等各个环节、要素及功能的有机结合，流通环节合理配置，就是在流通体系的运行过程中各流通环节的采购、储藏、流转等作用得到充分发挥。而在不健全的流通体系运行过程中，由于流通体系运行支撑条件的原因尤其是一些人为的原因，使得流通环节出现了不少无序设置，出现 1+1 小于 2 的现象。

（二）有序性

健全的商品流通体系运行的有序性包括两层含义，一层含义是商品流通的方向性，即商品流通的目的是为了能最终卖给消费者，商品流通总是意味着从商品从生产到消费的过程。因为，只有完成了从生产到消费的流通，商品的价值和使用价值才最终完全实现。另一层含义是趋利性，即商品流通总是在利益的驱动下，从较低的利益平衡点向较高的利益平衡点发展。

健全的商品流通体系运行的有序性是方向性和趋利性的统一，流通体系的主体、客体和渠道以及各个流通环节的设置，都应具有推动流通体系实现有序性的正向作用。一般来说，流通体系的趋利性和方向性一致时，商品流通就能顺利进行。相反，商品流通就会出现停滞或者成本增加等现象，直到趋利性和方向性达成新的一致或流通中断为止。从这个角度说，商品流通体系的有序性的实现取决于流通体系的趋利性和方向性是否统一以及统一的时间。流通体系的趋利性和方向性的统一，决定了商品流通过程中每个流通环节的方向，从而决定了整个流通体系运行和发展的有序性。

在具体流通过程中，商品流通体系的有序性十分复杂。虽然同是从生产指向消费，但具体指向什么消费终端，还要看供求关系及其中蕴含的利益大小。商品流通总是从较低的利益平衡点向较高的利益平衡点发展。从供给方面分析，在价格不变的情况下，不同规模、生产工艺下的生产者，所获得的收益是不一样的，规模较大、采用先进工艺的生产者往往能获得更高的规模效益和技术的增值效益；在规模、工艺水平一定的情况下，出售价格的高低也会直接影响到供应方的收益。供给方面的这些情况，都会影响到流通体系运行所最终实现的利益均衡点的高度。从需求方面来分析，不同消费者对商品的需求数量、商品对不同消费者的效用以及消费者的实际购买能力，也都会影响到流通体系运行的具体指向。因为不同消费者的实际需要和对商品的期望不同、消费者的实际购买能力不同，其最终需要的商品的总量也就不同，基于趋利性的商品流通一定会向具有更大需求的消费终端方向运动。

当然，在具体流通过程中，商品流通体系有序性的具体指向，还要受到流通体系运行的支撑条件的影响。市场信息、道路交通和财税等支撑条件，会影响到商品流通过程中有序性的曲折程度。

总之，健全的商品流通体系应该是一个有序性的体系，其有序性由内在的方向性和趋利性决定，同时受市场信息、道路交通和财税等支撑条件的影响。

（三）均衡性

均衡性是指在健全的商品流通体系运行中，包括生产者、商业组织和消费者在内的流通主体彼此高度依赖，共同承担流通风险的状态。它是实现流通体系高效性和有序性的内在要求和重要保障。主要表现在流通主体投入效益相对均衡、流通主体共担市场风险。流通主体投入效益相对均衡，就是不同流通主体单位投入获得的效益相对一致。从博弈论的角度看，即参与商品流通过程的不同流通主体（局中人），在给定其他主体策略的条件下，每个流通主体都能选择自己的最优策略（个人最优策略可能依赖于也可能不依赖于他人的战略），所有策略构成一个策略组合，在这个策略组合中每个主体都能尽可能地实现自身利益最大化，无限地接近利益均衡点。流通主体共担市场风险就是投入和风险呈正相关关系，每个市场主体既是流通受益主体，同时也是风险承担主体，不存在无风险主体。

均衡性的实现依赖于两个条件，一个是起点均衡，一个是程序均衡。起点均衡是指流通主体拥有平等的外部条件和相对均衡的资源。流通体系运行中流通主体相互依赖的本质源于对资源的依赖，因而进入流通体系的主体必须拥有一定数量的为其他主体所需要的资源，这种资源占有量的多少是该主体进入流通的前提条件，也是该主体在流通体系运行中获得利益大小的决定性因素，还是流通体系实现长期利益均衡的重要条件。在小生产大市场条件下，由于农产品生产者过度分散且缺少有效联合，使得生产者与其他商业性流通主体相比处于明显的劣势地位，由此导致大量"谷贱伤农"现象的出现；同时也有一部分流通主体由于独特的垄断性地位，使得在流通中进行着无风险牟利，而最终使农产品的出清价格（卖给消费者的实际价格）又居高不下，从而使得整个农产品流通缺少一个长期稳定利益关系，供给大起大落，流通整体效率低下。程序均衡，是指流通主体在商品流通过程中进入、开展和退出流通的程序和单位成本相对一致。不同地方流通政策的不统一，是导致程序不均衡的一个重要原因。假设 A、B 两地分别有流通主体 A、B，主体 A 进入流通的成本是 C，主体 B 进入流通的成本是 c，$C>c$，那么自然就会引起主体 A 向 B 地的移动。其结果是 B 地流通主体大量增多，外部条件配套满足不了需求，流通载体负荷过重，流通成本上升。也就是说，程序不均衡，会引起流通运行方向的混乱，使得流通体系运行的高效性和有序性无法保障。

渠道行为理论的研究也表明，高效运行的渠道是权力结构高度均衡的渠道[1]。在商品流通体系运行中，高度均衡的渠道权力结构同样有助于促进渠道成员之间的信任和承诺，从而提高流通体系的运行绩效。相反，倾斜的权力结构常常会产生利己和剥削行为（Heide，1994），不利于整个流通体系运行效率的提高和整体利益的维护。而权力低度均衡，则容易使得流通主体不努力维护相对稳定的利益关系，而是在市场中频繁转换交易伙伴，产生大量交易成本，使得其运行效率处于一个较低的水平上。

（四）双向性

这里的双向性具有两个层次的含义：一个层次含义是单一过程的商品流通体系运行具有物质流通和信息反馈的双向性；另一个层次含义是城乡商品流通体系的双向性。

第一，物质流通和信息反馈的双向性。一方面，商品流通是从生产者到消费者的物质运动过程，流通客体要有序经过一系列流通环节或者说主体，最终到达消费者。另一方面，消费者把需求信息逐次经过同样的环节反馈给生产者，客体每经过一个主体或环节都会被赋予新的信息量。物质流通和信息反馈的双向性实质上是信息的双向流通，因为从生产者到消费者的物质流通过程，

---

① 张闯、夏春玉：农产品流通渠道：权力结构与组织体系的构建，《农业经济问题》（月刊），2005 年第 7 期，第 32 页。

本身也是一个信息传递的过程，即供给信息传递的过程。

物质流通和信息反馈的双向性，取决于物质流通的顺畅性和信息传递、反馈的流畅性。从长期来说，物质流通和信息传递、反馈存在相互影响、依存的关系。物质流通顺畅是信息传递、反馈顺畅的必要条件，物质流通不顺畅，信息传递、反馈往往也不会顺畅；物质流通顺畅，信息的传递、反馈一般也比较顺畅。信息流通是物质流通顺畅的充分条件，信息流通不顺畅，物质流通也会不顺畅；而信息流通顺畅，物质流通并不一定顺畅。信息传递和反馈的质量主要看信息保真度、时效性和容量，这在商品流通的支撑条件部分已有论述

第二，城乡商品流通的双向性。城乡商品流通的双向性指的是农村商品向城市流通的同时，城市也在向农村流通，城乡商品流通是个双向循环的体系，也就是通常所说的"农产品进城"和"工业品下乡"。但这里所说的双向性并不一定意味着两种方向的流通共享一个渠道。从农产品流通来看，农户或者其他农业生产组织是生产者，城市居民或者其他工业品生产组织是消费者；反过来，从工业品流通看，城市居民或者其他工业品生产组织又是生产者，农户或者其他农业生产组织又是消费者。工业品流通成本增加，作为消费者农户或者其他农业生产组织购买的生产资料和生活资料成本就会增加，作为生产者的农户或者其他农业生产组织的投入成本会增加，从而导致农产品价格上涨，这又会传递给城市消费者（生产者）。显然，对于城乡商品流通来说，任何一个方向的商品流通受阻或者不健全，都会传递给另一个方向的流通，这是个恶性循环的过程。从这个角度看，"农产品进城"和"工业品下乡"是流通体系一个问题的两个方面，健全流通体系应该同时从两个方面着手。

第四节　城乡关系变化
作用流通体系的制度路径

路径，经常被当作有一定次序的方式方法、途径来用。在这里，影响的路径，也是指影响或作用的途径、环节或方式方法。

与法国政治经济学家萨伊的生产、分配和消费"三分法"不同，按照马克思在《政治经济学批判》的研究和经典马克思主义理论，社会再生产主要由生产、分配、流通（交换）和消费四个主要要素组成，并有机运行。流通（交换）作为整个经济运行的一个有机环节，与生产、分配和消费这些要素相互作用、相互影响。

如前所说，一定的流通体系总是与一定生产力和生产关系相适应。城乡关系作为生产力和生产关系的重要反映，一定会对流通及体系发展产生或正或负的影响。本部分将通过分析城乡关系对生产、分配、流通（交换）、消费四要素的作用原理，来阐释城乡关系变化和流通体系建设之间的关系。

（一）生产路径

生产是人类社会利用和改造自然、人类社会本身及其相关环节，从而创造物质和精神财富支撑人类生存发展的经济活动，是整个社会再生产的第一个环节。生产水平的高低，往往取决于劳动者的素质、劳动工具和劳动对象。城乡关系演变的过程，也是各要素重新整合的过程，城乡关系变化包含了公共资源在城乡之间配置方法、生产要素在城乡之间流动程度、城乡居民人均收入变化等丰富内涵。尤其在未来城乡一体化格局下，广大劳动者尤其是城乡分割体制下素质相对低下的农村劳动者，由于教育等公共资源的均衡，生产技能、技术水平将会发生质的提高；农业耕作由于先进农业科学技术和农业机械化的推广应用，会实现基于生产工具和劳动者素质提高基础上的大发展，现代农业将得以实现并进入一个新的发展阶段。劳动对象不再是工业、农业这两个报酬不同的产业之间的分别，而是能充分体现其社会必要劳动时间的专业化分工。由于城乡一体化背景下，劳动者、劳动工具和劳动对象的积极变化，同时加上城市资金、技术、人才、管理等生产要素能够公平、自由向农村流动，这些都必将极大地推动农村社会生产力发展，促进整个社会生产效率的提高，不仅工业消费品而且农业消费品也都会实现质和量的提升。

按照马克思主义经典作家的分析，生产是4个环节的根本。生产提供着流通所需要的商品和服务。流通作为连接生产和消费的一个中间环节，是把生产所创造的物质、资金、信息，通过一定的渠道或方式，跨越时空上距离传递给消费者。尽管就生产本身所创造的实体物体、资金和信息本身，流通本身并不会创造，但它能创造附加于生产本身价值的价值。尤其是在市场经济条件下，流通本身也具有生产的属性。总的来看，生产方式决定流通的性质，决定着流通的规模大小和发展水平，"一定的生产决定一定的消费、分配、交换和这些不同要素相互间的一定关系。"①在城乡一体化背景下，无论是工业消费品还是农业消费品在质和量上都有了很大提升，甚至表现形态都发生了根本变化，生产效率也都有了较大提高，这必将影响到流通的数量和质量，促使整个流通业扩大规模、更新流通组织方式和营销手段、应用新的流通技术，以适应日益扩大的生产能力。

（二）分配路径

通过分配影响流通（交换）是城乡一体化作用于流通体系另一条路径。我们知道，生产总是首先通过一定的初次分配和再次分配后，才进入流通领域。分配通过确定不同劳动者之间社会产品的分配比例与关系，来决定不同社会群体、个体或者说市场流通主体可能拥有的用于流通的产品种类、数量和部分流通方式；而流通（交换）则是分配后通过一定交易手段交换到所需的其他产品或服务。虽然两者都是生产和消费的中间环节，但两者有着明显的时间次序，

---

① 马克思、恩格斯：《马克思恩格斯全集》(第30卷)，人民出版社1995年版，第137页。

即分配在前，流通在后。可以说，在流通领域进行流通的商流、物流、信息流，都是初次分配或再次分配后的生产剩余。在经过分配后，剩余或不符合劳动者自身需要的产品才开始进入流通领域；流通的商流、物流、信息流，也可能再经过再分配，再次进入新一轮流通循环，周而复始。

一般来说，分配的方式在相当大的程度上决定着交换或者流通以何种方式、多大规模进行。在原始社会，封闭的生产环境、紧缺的物质使得劳动者之间只能开展以简单活劳动为主的交换；随着物质的逐渐丰富和分配剩余的出现，简单的物物交换才发展起来。在封建社会、资本主义社会时期和社会主义市场经济时期，两次分配主要以货币为主，辅之以部分实物分配，以货币为媒介的交换也逐渐开始发达起来，并因为媒介交易的便利性，实现了更大规模的发展。从人类社会商业经济发展的历史可以看出，任何一种交换或流通方式都是与分配发展水平相适应的。而且，交换或流通的大小，受分配的方式、特性的影响。西方经济学和马克思主义经济学都认为，分配会产生此消彼长的积累和消费，积累什么、积累多少都会对消费从而对流通产生影响，积累多消费自然就少，而用于交换的规模和数量也就会相应减少。

在城乡二元经济体制下，城乡之间的分配长期以来以不公平的方式进行。在建国初期到改革开放以后很长一段时间，为了支持工业化建设，国家长期以"剪刀差"的形式，人为地抑制农产品价格，通过特定的国有流通部门把广大农村和农民创造的农副产品等转移到了城市和工业上，由此造成了城乡差距过大，农村消费长期低迷，也同时直接抑制了城乡间流通的同步发展，造成农村流通发展缓慢。这些年来，尽管城乡关系出现了积极变化，工业反哺农业，城市支持农村逐步开始执行并在某些方面落到实处，但城乡间的分配体制并没有从根本上发上改变，城乡二元结构依然存在。从目前我国农村流通市场的发展现状看，无论是农村集贸市场的规模、质量，还是农村批发零售机构销售的产品数量、质量，都难以与城市相比拟。

当前和未来的城乡一体化旨在通过公共服务均等化、要素自由流通等一系列措施，真正实行工业反哺农业、城市支持农村，财政收入、信贷支出向农村倾斜，实现分配上长期动态均衡，这将从根本上调整原有的城乡分配关系。坚持和完善按劳分配为主体、多种分配方式并存的分配制度将得到深入贯彻；再分配将更加注重公平；劳动报酬在初次分配中的比重将得到切实提高；农村居民包括土地等生产要素在内的居民财产性收入将实现质的增加；城乡之间扩大就业增加劳动收入的发展环境和制度条件将得到进一步平衡，机会公平从口号落到实处；税收对收入分配的调节作用将得到加强，城乡、区域、行业和社会成员之间收入差距扩大趋势将切实得到扭转。其结果，是农村居民必然在社会总产品分配上得到更多的实惠，由此也必然在农村创造更多的积累，让广大农民有能力参与商品流通过程并扩大消费，从而产生更广、更深的流通需求。这种流通需要可以是实体的，也可以是虚拟的；可以是日用品，也可以是高科技产品；可以是消费资料，也可以是生产资料。可以说，由城乡二元到城乡一体，在相当大程度上会影响流通体系发生新的更大的变革。

（三）消费路径

通过影响消费来影响流通体系，是城乡一体化对流通发生作用的第三条路径。分析起来，城乡一体化主要从三个方面来影响消费。

一是消费收入。在凯恩斯提出的消费函数 $c=\alpha+\beta y$ 中，消费是收入的函数，c 代表消费，y 代表收入，α 为自发消费部分，β 为边际消费倾向，β 和 y 的乘积表示收入引致的消费。其中，收入是在影响消费的各种因素中最重要的决定因素，收入的变化决定消费的变化。随着收入的增加，消费也会增加，但是消费的增加不及收入的增加多。对个人来说，收入是其全部劳动产出，包括劳动性收入和财产性收入的总和；消费则包括生产性支出和生活性支出。对企业来说，收入是企业在销售商品、提供劳务及他人使用本企业资产等日常活动中所形成的经济利益的总流入；消费则包括成本支出和扩大再生产支出。城乡一体化，必将提高整个社会的收入水平，企业盈利因人为、体制性市场壁垒的消除也将有新的提高，这必然会增加用于消费的收入。

更要看到，在中国，占人口绝大多数的农村人口收入的增加，对消费的拉动作用更加明显。在城乡二元体制下，农民由于"剪刀差"等体制原因和农业产业特殊弱质性，城乡收入差距很大。2009 年，东、中、西人均 GDP 之比约为 1：0.48：0.41，城乡居民人年均财政收入、人均地方财政支出比差距较大，人均国内生产总值最低地区与最高地区相比，相差高达 10 余倍。2009 年我国东部发达地区人均年收入为 38587 元，而西部地区为 18090 元，后者较前者少2 万余元。从省级之间的差别来看，上海市最高，年人均收入 76000 余元，贵州省最低，仅 9187 元，最高和最低两省相差高达 67789 元。目前全国 4007 万贫困人口中，中西部地区所占比重高达 94.1%。除经济差距外，城乡区域之间基本的公共服务水平的差别也很大。目前西部地区人均教育经费支出仅为东部地区的 73.5%。城乡一体化，将极大地提高农民收入，缩小了原有的城乡和区域差距。实践证明，收入低下群体收入增加，对消费的正面影响远远大于富裕人群收入的增加。因为富裕人群的消费基本已经饱和，收入边际消费倾向呈下降趋势。

二是消费环境。长期以来，农村消费启动不起来，与收入有关，也会消费环境差密切相关。改革开放 30 多年来，尽管农村市场体系不断完善，卖难、买难问题有所缓解。但还要看到，很多农村交通道路、信息通讯条件仍不理想，农村市场基础设施较差，市场规模小，监管力度弱，销售网点小，售后服务差，市场秩序比较混乱，假冒伪劣比较严重。具体表现在：第一，我国市场规模偏小。从统计分析看，这些年商业网点少、品种单一、布局粗放，仍是农村市场主要特征，小规模的个体工商业户是农村市场的主要活跃力量，这些主体分散经营、实力弱小。第二，农村相应的配套基础设施建设不健全、不完善，如交通、供电、供水不足，在客观上制约了农民消费欲望的实现，造成一些消费品在一般农户家庭中难以迅速普及，同时也在一定程度上制约了收入较高家庭的消费，在一定程度上阻碍了农民消费结构升级。此外，农村售后服务体系也不健全，一些耐用消费品维修十分困难，而且养护费用较高。第三，农村市场秩序混乱。由于种种原因，农村成了全国假冒伪劣产品的生产和消费的集中地，致使农民出于风险规避而不轻易消费。第四，缺少适销对路的产品。长期以来，在城乡二元体制下，城市不仅是政策倾斜的重点，也是企业产品的主要供应地。与城乡相比，农村长期处于被人淡忘的境地，无论是企业还是营销策划机构都缺乏缺少对农村消费情况的分析与研究，企业生产和经销的相当多的产品都与农民收入水平、消费观念乃至整个农村消费环境格格不入，迄今为止"买难"仍是制约农村消费的一个重要障碍。

社会文化环境也是消费环境的一个重要方面。从这个方面看，农村消费的社会文化环境差，也使得农村消费具有天然的"地方壁垒"。一方面，从农村居民消费的消费观来看，农民消费观念与农村长期的弱势地位相一致。长期以来在城乡二元体制下，自然经济、弱质农业在潜移默化中塑造了农民消费保守、求稳、求俭的习惯，从而使得农村市场涉及领域较窄，产品消费层次较低；由于农村居民教育水平相对较低，与之相应其对消费产品的认知水平和判断能力较弱。另一方面，消费结构不合理、人情消费过重，消费行为存在盲目性和无序性，攀比性消费日趋严重，封建迷信消费活动屡禁不止，不合理、不健康的消费加重了农民的隐性负担，导致农民综合消费能力下降，在一定程度上影响了农民的消费能力和消费结构的升级。

城乡一体化，将在公共服务等方面实行突破，逐步统筹城乡基础设施建设和公共服务，全面提高财政保障农村公共事业水平，逐步建立城乡统一的公共服务制度。届时，农村广大地区的市场环境将得到根本改观，无论是在农村还是在城市购物都具有无差别的便利性、安全性；农村金融体系更加完善，为和城市居民一样实现跨期消费提供了基本的技术和设备保障；随着教育水平的提高，农村居民将享受到和城市一样的教育环境，农村居民消费心理更加成熟，消费结构更加科学。

三是消费预期。在当前，农村消费一直启而不动，与消费预期也有很大关系。客观地讲，这些年来，农村人均收入增加较快，但农民主要将增加的收入用于积累，而不是用于扩大消费。这与我国农村社会保障体系尚不完善密切相关，看病难、上学难、养老难长期以来都是农村居民面对的最大难题，疾病、结婚、上学导致的返贫现象还相当普遍，在相当大的程度上增加了农村消费者的消费心理障碍，从而阻碍了农村消费市场的开拓。

美国经济学家米尔顿·弗里德曼的持久收入消费理论和美国经济学家弗朗·莫迪利安尼的生命周期消费理论都在一定程度说明了消费预期对消费的影响。弗里德曼认为，消费者的现期收入对消费不起主要的决定作用，消费的主要决定因素在于消费者持久收入。即使在短期内，消费者收入增多，消费者也会因为社会保障、教育、医疗等不确定因素不能确保收入增加会一直持续下去，故而不会立即增加消费。莫迪利安尼认为，消费者会在相当长时间跨度内规划消费开支，以实现在整个生命周期内的消费的最佳配置，即生命周期消费理论。这个理论可以用公式简单的表示为：$c = \beta_m \cdot w_m + \beta_{ym} \cdot y_m$，$c$ 为年消费额，β_m 为财富边际消费倾向，即每年用于消费的财富比例，w_m 为实际财富，β_{ym} 为工作收入边际消费倾向，即每年用于消费的收入比例，y_m 为年工作收入。在这个简单模型里包含了一些假定，如年收入相对比较稳定、社会不会发生较大动荡，等等。在事实上，即便加进社会保障、储蓄利率等因素，该理论也是成立的，不过它们会影响到边际消费倾向的大小，例如，完善的社会保障体系将使得储蓄率下降，消费率提高，等等。

建立城乡一体化体制机制，形成城乡经济社会发展一体化新格局，就是要推进城乡基本公共服务均等化，在医疗、教育、社会保障等方面，实现城乡卫生服务体系并行、城乡卫生基础网络并轨、城乡卫生资源联动；合理配置教育资源，促进义务教育均衡发展，基本实现教育现代化；加快农村社会保障体系建设，构建城乡统筹的、与农村经济发展水平相适应的、各种社会保障制度相配套的农村保障制度。这些措施的落实和目标的实现，将有力地消除农村居民消费的后顾之忧。

经典马克思主义作家认为，交换是生产和由生产决定的分配一方同消费一方之间的中介要素①。这指明了交换或者说流通与消费的内在关系。首先，从社会再生产过程的4个环节的逻辑关系来看，流通的目的在于实现生产与消费之间的对接，它作为两者的中间环节，其涉及的商品的种类、数量、质量都与适应、体现消费需求相对应。在一般的商品流通"商品—货币—商品"循环过程中，流通的目的性更加明显，即最终目的就在于消费。实际上，只有从生产到消费转化得以实现，流通或者说交换的功能才算实现了。正如马克思所说，"投入流通的商品达到了它们的目的；它们互相进行了交换；每个商品成了需要的对象并被消费。流通就此结束。"②

其次，消费的数量、结构在相当大程度上制约着流通的规模和结构。这可以通过收入消费曲线较好地说明。在简单的收入消费模型中，收入消费曲线是指在两种商品的价格水平之比为常数的情况下，每一收入水平所对应的两种商品最佳购买组合点组成的轨迹。两种商品的价格水平之比为常数，就意味着消费预算线的斜率一定。随着城乡居民收入水平的变动，消费预算线会发生平行移动。每一条消费预算线均会与一条无差异曲线相切，其切点就是消费的最佳点，即两种商品的最佳购买组合点，把这些点连接起来就形成商品的收入消费曲线。如前所述，城乡一体化加快背景下，城乡居民收入尤其是农村居民收入

---

① 马克思、恩格斯:《马克思恩格斯全集》(第30卷)，人民出版社1995年版，第40页。
② 马克思、恩格斯:《马克思恩格斯全集》(第30卷)，人民出版社1995年版，第219页。

将有较大幅度提高，这会导致消费预算线发生前移，也就是说消费的数量和结构将发生较大变化，进而影响到流通商品的结构、数量发生变化。但这个最佳消费点是什么呢？美国经济学家杜森贝利提出相对收入消费理论，认为消费者周围的消费水平在某种程度上决定着消费者的消费水平。在城乡一体化加快背景下，农村居民和城市居民的消费水平将会逐渐趋同，由此也会影响消费的对象尤其是生活性消费习惯向城市消费习惯倾斜，城乡边际消费将逐步趋同，从而引发流通的商品种类、结构、数量发生相同的变化。

第四章

城乡一体化与中国农村流通体系建设：单案例研究

　　现阶段，我国农村流通体系是什么样子？存在哪些问题？新的时期尤其是城乡一体化的加快，对农村流通体系会有什么样的影响？提出哪些挑战？这都是我们建设农村流通体系首先需弄清楚的问题。本章运用案例研究方法，主要从中国农村流通体系构成要素的角度来系统分析农村流通体系的发展历程、成就、问题以及城乡一体化对农村流通体系发展提出的新要求、新挑战。

第一节　中国农村流通体系发展与成就的描述

回顾 60 多年来我国农村流通体系发展变迁的历史，总结当前我国农村流通体系已经取得的成就，对于进一步开拓、深化农村流通体系建设的思路，对于促进我国城乡一体化进程，不仅具有重大的理论意义，而且具有重要的现实意义。

（一）农村流通体系的发展历程

60 多年来，农村流通体系的运行主体、渠道和宏观政策条件等都发生了深刻的变化。大致经历了四个主要阶段。

第一阶段是新中国成立到改革开放这段时期。这 30 年主要以"一改"、"两统"为主要特征[①]。"一改"主要是指，从"一五"时期开始，我国按照过渡时期总路线，进行了著名的社会主义改造，主要包括对农业、手工业和资本主义工商业进行改造。同时，在相当多的农村地区实行农业生产合作社。改造的目的在于由"私"到"公"的过渡，实现国家工业化，推行以分配为核心的计划经济流通体制。我们知道，交换的前提是拥有多余生产剩余，并对其具有处置权。社会主义改造的实施，一方面使集体所有制和全民所有制流通主体得到进一步巩固和发展；另一方面使得更多的私营、个人流通行为受到抑制。到"一五"期末，私营商业在整个流通主体中几乎消失。"两统"主要是指统购统销、统购包销。统购统销，即在农村实行统一征购，在城市实行定量配给，是计划经济体制下农产品流通的商业政策与管理模式，是在短缺经济条件下不

---

① 黄国雄：中国商贸流通业 60 年发展与瞻望，《财贸经济》，2009 年 9 期。

得不采取的断然措施。1952年成立粮食部，统一负责粮食的收购和供应。1955年，成立了农产品采购部，棉花、畜产品和烟草等重要物资由其直接收购或由农村供销合作社代购。1957年下半年，《关于由国家计划收购（统购）和统一收购的农产品和其他物资不准进入自由市场的规定》发布。1961年初，中共中央又制定了"农产品收购分类表"，细化统一收购的办法、方式。统购包销，是计划体制下工业品流通的商业政策与商品管理模式。新中国成立以来，到改革开放相当长的时期内，对工业品都实行的是统购包销政策，并且范围不断扩大，几乎所有的工业品小到火柴、袜子，大到机械设备等重要工业品，都实行统一收购，统一销售。

不可否认，在新中国成立初期，"一改"、"两统"在解决物资短缺问题、保持经济社会正常运行发挥了重要作用。但很明显，"一改"、"两统"并不是真正市场流通，一系列诸如中国盐业公司、百货公司、粮食公司、土产公司等多个国内外贸易专业公司也不是真正的企业，而是政府的附属物，更准确地说他们本身也属于行政部门，是政府职能的下派机构。因此，当生产力发展到一定水平、经济社会步入正轨、产品生产不断丰富的时候，"一改"、"两统"为特征的计划经济流通体制越来越显得难以满足人民日益增长的物质文化需要了。

第二阶段为改革开放到2002年。这个时期，统购统销、统购包销格局被打破，农村流通体制改革深入推进。改革开放以来，我国在实行家庭联产承包责任制的基础上，对计划经济流通体制、企业结构进行了一系列改革，在一些地区先后恢复农村市场，逐步打破生产资料流通和生活资料流通完全分割的格局，国营商业独家经营的局面被打破，统购统销、统购包销基本被取消，除了一些关键性战略物资，商品定价基本实现市场化；集体和个体商业获得较快发展，工业品自产自销放开；农资市场流通渠道逐步"解冻"，取消了化肥等农业生产资料指令性生产计划和统配收购计划，代之以自主产销政策，农业生产资料流通渠道由"一主两辅"改为农资公司、工厂自销、农业"三站"多渠道并行。从流通主体上看，传统流通主体本质属性发生变化。在城乡分割的计划经济体制下，国有流通企业包括国营商业、供销合作社是唯一流通主体，属于典型的行政附属机构。改革开放以来，国家不断扩大国有流通企业自主权，先后推行市场化的经营责任制、承包经营责任制，实现经营权和所有权的分离，企业经营机制不断得到完善，广大流通企业逐步成为自主经营、自负盈亏、自我约束、自我发展的市场流通主体，形成了一些有一定影响力的现代流通企业集团。这些企业集团开始深入农村，逐步担负起城乡双向流通的重要职责。在这过程中，供销合作社改革不断深入，市场流通主体地位重新得到确认，城乡双向流通职能得到一定程度的加强。

与此同时，流通主体的所有制结构也发生了明显改变。在城乡分割的计划经济体制下，承担城市到农村、农村到城市"一条鞭"流通服务的全是"清一色"的国字头流通企业或机构，城乡市场国营商业一统天下，商品供应渠道单一，个体、私营流通主体因为政策限制和市场环境、基础条件的缺失而失去了发展的"30年"。改革开放以来，国家将工作重心重新转到经济上来，姓"资"姓"社"不再是区别社会主义与资本主义的标志，国有流通主体的单一格局被打破，私营和个体流通主体得到发展，同一领域甚至同一流通主体内部又分化出不同所有制、多层次的流通主体。1999年，在全社会消费品零售总额中，公有制流通企业占比不足34%，非公有制流通企业占45%之多；从批发、零售和餐饮从业人员比例来看，非公有制经济的比例更高，达到80%以上[1]。

还有一个重大变化，就是市场竞争机制在农村流通领域重新确立。在城乡分割的计划经济体制下，流通主体规模和集中度尽管都很高，但多是无效的规模和集中度，因为缺乏竞争对手，处于绝对的垄断地位，并不代表着流通产业发展的实际水平和流通主体本身竞争能力的大小。改革开放以来，原有的所有制桎梏逐步被打破，流通主体结构中"一股独大"的局面被打破，分散的、小规模的流通主体进入市场，在相当大程度上起到了优胜劣汰的作用，重新激发了农村流通市场本身的活力，形成了推动农村流通主体结构优化的内在动力。数据表明，在农产品、农业生产资料和农村日用工业品流通中，个体商贩、私营企业至今仍占有绝对比重。

第三阶段是从党的十六大以来，随着城乡一体化的提出，农村经济发展进入实际受惠期，农村流通体系由此进入完善期。这个时期，强农惠农政策力度切实得到加强，主要表现在农业税被彻底终结、农业补贴等财政支农政策切实

---

① 丁俊发：《中国流通》，中国人民大学出版社2006年版，第73页。

落实、政策性流通工程有序推进、农村基础建设步伐加快、农村消费刺激政策不断推出。这为农村流通的发展创造了良好的发展机遇。在这一大背景下，这些年农村流通体系建设在现代化水平上进步明显：一个是农产品批发市场改造加快，批发市场进入提档升级的新时期；二是城市现代流通业态进入农村，连锁超市、直销配送等新型流通方式在农村开始出现并得到一定程度的发展。三是化肥等农业生产资料经营全面放开。2009年，国务院下发"关于进一步深化化肥流通体制改革的决定"，取消对化肥经营企业所有制性质的限制，允许各类流通主体进入化肥流通领域。2012年，《国务院关于深化流通体制改革加快流通产业发展的意见》下发，提出鼓励大型流通企业向农村延伸经营网络。但也要看到，这一进步，目前还主要是对城市流通体系的适应和追赶，基于农村商品流通规律和农村经济社会发展需要的农村流通体系建设，仍然任重而道远。

（二）农村流通体系的现状与成就

经过60多年的建设、徘徊、改革创新，我国农村流通体制发生了重大变革，农村流通体系框架逐步完善、健全，市场机制正在成为农村流通资源配置的决定性因素，农村流通主体、客体、渠道、载体等都发生了深刻变化，初步形成了包括消费品和生产资料、批发市场和集贸市场、有形市场和无形市场在内的多类型农村市场体系，多形式、多渠道的农村流通体系的基本框架已经逐步形成，农村流通体系建设取得重要进展。

第一，农村市场规模不断扩大。改革开放以来，我国农村消费结构实现了跨越式发展，农村市场消费水平不断提高。2010年我国乡村消费品零售总额达到20875亿元，比改革开放初期的1978年增长20多倍，比"九五"末的2000年增长1.5倍（见图4.1.1）。2013年我国乡村消费品零售额又升至31952亿元。到2009年底，我国有亿元以上的农产品综合市场657个，成交额4582.4，比2000年增长12%。2009年，我国有亿元以上农业生产资料专业市场33家。农村市场是最大的市场，也是最有潜力的市场。农村市场规模的扩大，为今后扩大内需、促进经济增长加快形成内需驱动格局奠定了良好基础。

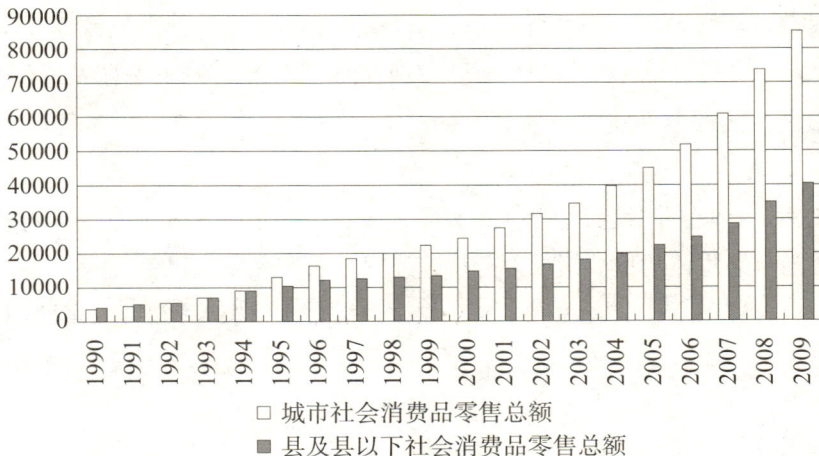

図注:

图 4.1.1 我国城乡消费品零售总额

第二，流通主体发生重大变化。一方面，流通主体多元化明显。包括农村在内的流通市场已形成了国有经济、集体经济、个体私营经济、股份制经济、外商投资经济互相并存、共同发展的局面。传统的国有流通企业包括合作社商业股权改革进一步深化，产权性质发生了重大变化，日益成为自主经营、自负盈亏的农村流通主体之一；传统的供销社系统通过改革创新，继续发挥着在城乡双向流通中的作用；农民作为农村流通的重要主体依然发挥着重要的基础性作用，农产品经营方式仍主要是农民通过市场的自产自销；个体私营企业已逐渐成为农村流通的主要主体。农业生产资料流通主体多元化明显，正在形成由供销社、生产企业、农业"三站"、个体户等多市场主体、多流通渠道共同参与的局面。农家店、百货公司和个体户是农村日用消费品流通的重要主体。尤其是近年来，随着"万村千乡市场工程"的推进，以统一标志、统一布局、连锁经营、统一配送等为特征的标准化"农家店"获得了前所未有的发展。截至"十一五"末，全国连锁化农家店达 52 万家，覆盖 80% 的乡镇和 65% 的行政村，年销售额近 0.3 万亿元。至 2012 年初，全国累计建设或改造农家店突破60 万个，覆盖 25% 的行政村。

另一方面，流通主体规模不断壮大，大中型企业商品销售增长仍居领先地位。这些年，通过兼并、收购、联盟等多种方式，并随着控股、连锁等经营方式的采用，涌现出一批规模大、市场竞争能力强的骨干流通企业，它们依靠规模大、环境优、信誉好的优势，成为沟通城乡居民的重要渠道。据统计，2008

年，限额以上批发零售企业实现商品销售额 155946 亿元，占批发零售业商品销售总额的比重由 2002 年的 49% 提高到 52%，在市场中居于领先地位[①]。同时，不同性质的企业有进一步联合的趋势，农工商、贸工农一体化现象较多涌现。

此外，流通主体组织化程度有所提高，农协、专业性行业协会等流通中介组织作为流通主体的重要组成部分快速发展。农产品、农村手工业产品、农业科技、农村劳动力经纪人发展迅速，农村经济合作组织蓬勃兴起，两类主体已日益成为农村流通中重要的新生力量。据统计，目前我国从事农产品购销经营活动的农村合作经济组织就已经超过 2 万多个，涉及领域包括蔬菜、水果、水产、花卉以及运输、储藏、加工等诸多环节。

第三，流通渠道发生重大变化。一是交易方式由传统向现代转变。农产品交易由过去的传统集市贸易扩展到专业批发、"订单"购销等现代方式，统购分销、特许经营、厂家委托代理以及经营者自采自销获得发展，传统的集贸市场、各种综合市场与现代化的专业市场、批发市场和期货市场并存。二是流通载体现代化水平不断提高，连锁经营、物流配送、电子商务等现代流通方式开始出现，全国大中城市股份制连锁企业通过直营或特许加盟方式正在向农村延伸产业链，发展连锁店铺，小型超市、便利店等新型流通业态开始走向农村市场、走进农村日用消费品流通，农资连锁配送发展势头向好，包括分销、直销、总经销在内的多种经营模式均实现了较快发展。2010 年，有上千家企业进行农资连锁经营，涉及相关门店 3 万多个，农资购买环境日益方便、快捷。三是现代物流方式受到重视，专业化物流企业逐步把经营范围向农村扩展，连锁企业现代物流有所发展。"十一五"时期，"万村千乡市场工程"在农村支持建设 2667 个物流配送中心，每个县平均拥有 0.9 个，覆盖城乡、多层次的农村商品配送体系初见雏形。

第四，农村流通的外部支撑条件不断优化。从政策环境方面看，进入新世纪以来，党中央、国务院连续 7 年发出 1 号文件，大力支持农村流通体系建设，对涉农商贸企业给予扶持，建立、规范农村市场秩序，基本建立了农村重要商品和部分生产要素的市场准入制度和流通监管制度；十一五"时期，中央

---

① 数据参考《中国统计年鉴(2009)》，中国统计出版社，2010 年版。

财政支持"万村千乡市场工程"的力度，从开始每年 2 亿元增加到 2010 年的 16 亿元，累计投入 43 亿元，引导大型流通企业到农村延伸流通网络，把连锁经营的现代流通方式送下乡，把超市、便利店等新型商业业态送下乡。宏观政策的支持，在一定程度上推动了城乡统一市场的形成和农村流通业的有序竞争，促进了我国农村流通体系的健康发展。从要素市场发展方面看，有关农村生产、流通的要素市场不断发展，市场化程度不断提高，劳动力流转加快，农村土地承包经营权和所有权也开始有条件流转，农村流通金融支撑环境恶化局面有所改观。从流通基础设施条件看，农村水、电、路等基础设施建设力度不断加强，"村村通"、"路路通"有力推进。

第二节　农村流通体系运行中主要问题的描述

　　尽管新中国成立 60 多年来，农村流通体系建设取得了辉煌成就，但从整体上看，农村流通体系滞后仍十分明显，与扩大农村消费、发展现代农业和建设社会主义新农村的需要还相距甚远。这不仅表现在传统流通体系建设中"重城市、轻农村"，在农村工作中"重生产、轻流通"的观念仍未根本改变，而且突出表现在生产者和消费者利益受损，流通主体间利益失衡严重。一方面是大量农产品仍然不能顺畅地卖出去，农民无法获得应得的生产和流通收益；城乡消费者买不到质优价廉的农产品。另一方面是农民仍难以买到质优价廉的日用消费品和农业生产资料，抑制了生产能力、消费能力的扩大和提高。

　　下面主要从农产品流通、农业生产资料流通和农村日用消费品流通三个方面从流通体系构成要素的角度来分析当前农村流通体系运行中存在的主要问题。

（一）农产品流通中的主要问题

　　一是流通主体利益失衡。从生产者的角度考虑，我国农产品流通主体构成是小生产与大市场矛盾的集中体现，农户作为农产品的主要生产者和供给者，组织化程度低，竞争过度现象严重；农民合作经济组织虽然数量不少，但规模小、实力弱，市场覆盖率低。与之相对，批发商、零售商等其他流通主体在规模、信息搜集等方面都占有相当的垄断优势。在这种小户经营格局和大市场面前，农户在市场价格谈判上处于明显劣势地位，农产品收购市场仍属于买方市场，一些农户为了获得某些相对公允的价格，甚至要通过贿赂、人情等形式支付相当大的交易成本，流通主体之间利益失衡严重。

从中间商的角度考虑，在农产品流通领域，分散农户、小中间商和运销户占相当大的比重，中间商分散且规模普遍偏小。为了避免交易风险，这些分散农户、小中间商和运销户通常选择交易风险小的地方性市场作为交易场所，很难有机会获得大流通的利益。流通主体的小规模，还直接导致了农产品运输成本、储存加工保鲜成本、流通中介费用等偏高，使得他们规模收益无从谈起。

二是流通渠道不畅。流通渠道不畅主要表现在流通环节过多、流通成本过高、流通载体建设滞后和交易方式落后。农产品流通仍然沿用的是传统方式，从生产出来到最终消费要经过产地批发、销地批发等多个环节，再由这些环节经过社区菜市场、个体商贩和超市进入消费领域，

农户直接进入零售终端销售的比例还比较低。目前发达国家农产品超市销售比例在70%以上，其中美国、德国达到95%，而我国平均只有6%[1]。而且，在存在这些显性流通环节的同时，还存在大量隐性流通环节，比如流通渠道的载体作为单独的附加环节，在农产品流通中占有很重要的地位。过多的流通环节，一方面会明显增加农产品流通收益的分成份数，并最终转化为流通成本。另一方面由于农产品的易腐性、季节性和地域性，过多的流通环节会给农产品造成更多损耗。据统计，目前我国水果蔬菜等农产品在流通环节上的果蔬损失率在27%左右，而美国等流通发达国家不足2%。

流通载体方面，主要涉及存储、分包、交易等用的批发市场和运输用的冷藏设施，尽管这些年批发市场和冷藏设施条件不断改善，但与农产品流通的要求相比，还有很大差距。从批发市场看，不少地方的农产品批发市场尤其是产地批发市场还处于集贸市场的水平，不仅设施简陋，而且缺少必要的服务和管理，相当多的批发市场仍是露天市场，仓储等基本服务缺乏，包装、质检、分类、信息、加工等增值服务更是无从谈起。在冷藏设施方面，除了局部范围内有限的水产、肉类等鲜活产品有较严格的冷链系统外，农产品冷链运输刚刚起步。也正是因此，导致农产品流通半径小，不少地方的农产品只能在产地附近销售，外销的数量小，由此出现了产地过剩、销地短缺的矛盾局面。

从交易方式看，尽管我国早就建立了农产品期货交易，但发展缓慢，套期保值作用有限。目前，农产品交易主要通过现货交易，"订单"购销、拍卖交

---

① 程国强:我国农村流通体系建设:现状、问题与政策建议,《农业经济问题》,2007年第4期,第60页。

易等现代方式还比较少，电子商务交易量比较低，仅有不足 10%的农村批发市场采用电子商务交易技术，制约了大宗农产品的交易。有关部门和研究机构的问卷调查表明，农产品销售中有 42%是农户自行销售，45%是农户卖给个体商贩，只有 2.7%的农户通过订单销售①。同时，间接交易仍是主流，产销对接、农超对接等交易方式的比例还微乎其微。要看到，流通渠道不畅从另一个层面强化了流通主体利益失衡状况，放大了农产品流通主体结构的不合理性。

三是流通市场秩序混乱。总的来看，当前农产品流通市场秩序仍然混乱。这种混乱不仅体现在流通主体、渠道结构的混乱上，而且体现在市场准入、退出以及农产品质量安全的混乱上。我国农产品标准化程度低，大多数产品分类、分级，仍靠人工的主观判断；运输、包装从材料到流程都不统一，甚至不存在，一方面给农产品的储存、运输和加工造成一定困难，另一方面也使得流通过程中出现了很多质量问题。

（二）农业生产资料流通中的主要问题

这些年来，农资流通体系不断完善，农资市场逐步形成了国营、集体、个体多渠道经营的局面。但也要看到，流通主体混乱、流通渠道过长、分销层次过多、渠道管理不规范，使得农资流通难以发挥连接农资生产和农业消费的纽带作用，已经成了制约农业发展、抑制农民增收的一个痼疾。

一是流通主体混乱，农资经营流通缺乏主渠道，农资供应无法得到有效保障。目前面向农村终端的农资流通主体主要有县农资公司、合作社和个体户、商贩。由于农资价格混乱的原因，使得农资公司在农资流通中的比例明显减少，许多乡镇没有上规模的农资市场和正规经营企业。过去相当长时间内在农资流通中发挥重要作用的地方供销社，现在在不少地方已逐渐消失，或转制成为其他类型企业，已经丧失了农资流通的主渠道地位。大多数合作社市场化经营程度较低，资金短缺问题较突出，没有形成自身的产业链，在流通中发挥的作用较小。农资连锁店范围小、数量少、网点分布不均衡，更大作用仍有待发挥。个体户和商贩依靠地缘、人缘和价格优势，在农资流通中占比越来越大。这些个体商贩有夫妻店、批发部、杂货店、代销店，也有个体农户，他们在农

---

① 程国强:我国农村流通体系建设:现状、问题与政策建议,《农业经济问题》,2007 年第 4 期,第 61 页。

耕季兼营农资，进入农资流通市场，具有很强的临时性，相当多的经销户都属于无证经营者。

二是流通渠道过长，分销层次过多。随着供销社系统主渠道地位的丧失，农业生产资料流通沿循两条渠道进行。一条渠道是生产企业——农资总公司——省级分公司——市县分公司——零售商——消费者；一条渠道是生产企业——农业生产资料专业批发市场——二级批发商——区域经销商——零售商——消费者。因为农业生产资料销售面对的是千千万万的农村小生产者，在缺乏现代流通业态的情况下，基层分公司或经销商很难与农业生产者建立直接联系，这导致从基层分公司或经销商到零售商这段，实际上又是由多级批发商到多级零售商的过程，由此出现了农业生产资料销售层层加价的怪现象。除此之外，工厂自销和农业"三站"作为另外两条重要渠道，也由于无法直接实现与生产者的直接对接而导致中间出现大量中间商，分销层次层层增多，提高了流通成本。

三是管理不规范，假冒伪劣农资充斥流通市场。在农资市场放开前，农资主要由供销社等集体、全民所有制企业经销，质量有保证。现在原有的农资流通体系被打破，但新的流通渠道仍不完善，因流通主体、进货渠道的混乱和市场监管的不规范，使得农村市场假冒伪劣农资盛行，一些过期、失效的农药、籽种、化肥等农资产品常常通过各种渠道流入市场，从而在相当大程度上损害了规范流通企业和个体商户的利益。同时，由于农资流通涉及工商、农业、环保等多个部门，"多龙治水"、各自为政弊端明显，助长了农资管理的混乱。

（三）农村日用消费品流通中的主要问题

城乡二元结构直接导致了城乡市场的分割，这在农村日用消费品流通上体现的尤其明显。

从城乡市场规模差距来看，2007、2008、2009 年，县及县以下社会消费品零售额占全国社会消费品零售总额不足 1/3，城乡市场规模在 1 倍以上；如果单从乡村社会消费品零售额（把县归为城镇）来看，2010 年乡村社会消费品占全国社会消费品零售总额不足 1/7[①]。城乡市场差距逐年扩大，农村市场规

---

① 根据国家统计局 2007–2010 年中国统计公报计算所得。

模过小、农村消费不足，越来越成为我国经济社会可持续发展的瓶颈问题。

从消费能力看，尽管新世纪以来尤其是党的十六大以来，中央出台了一系列强农惠农政策，农民收入有了较大提高。2013 年，全年农村居民人均纯收入 8896 元，城镇居民人均可支配收入 26955 元，城乡收入水平仍有较大差距。此外，由于农村教育、医疗、养老等社会保障体系尚不健全，使得即使同样收入水平，农村居民的实际消费能力要远小于城市居民。

从购销便利性看，农村流通市场总量还不足，商业网点布局不尽合理、缺乏规划，不利于农村居民日用工业消费品的购买和消费。许多居民为了购买一些家电等大件消费品，被迫进行异地购买。这种情形与城市形成鲜明反差。城市流通资源过度集中，甚至在一些地方已经出现了明显的重复建设，而且城市零售企业对农村辐射范围不广；大多数农村地区尤其是中西部农村地区流通资源配置严重不足，商业网点特别是现代商业网点较少，农村居民人均固定商业面积不足，远远滞后于农村居民消费需求的增长。

从产品质量看，由于农村日用消费品流通网点分散、进货渠道混乱和质检、准入制度不健全，重收费、轻服务现象突出，使得假冒伪劣、以次充好等问题比较严重，在城乡之间事实上形成了两个不同的日用消费品市场，优质日用消费品难以顺畅进入农村流通市场。

从农村日用消费品流通的构成要素来看，流通主体、流通渠道以及与之相关的流通业态、流通载体，都存在着一些亟待解决的问题，这也是导致城乡流通规模差距不断拉大的内在原因。

从流通主体看，不同日用消费品流通主体的特点不尽相同。比如对于服装产品而言，生产厂家从小作坊到大型企业，数量众多，在农村缺少有较强影响力和美誉度的企业；但对家电产品来说，海尔、长虹、康佳等国内知名品牌在农村一样耳熟能详。但整个日用消费品的流通主体在农村也有共同特点，这一共同特点主要体现在零售商身上。从零售商的角度看，农村日用消费品流通主体散、乱、差、小情况突出，中间商大多是个体商户、运销大户和经纪人，缺少大型流通组织，市场主体不规范，专业化、组织化程度非常低。零售网点分布缺乏合理规划，品种单一，多数农村日用消费品零售终端从经营环境到产品质量都无法得到保证。从流通渠道看，从普通肥皂等日化用品到大件日用品，都存在着渠道分散、混乱，缺乏主渠道等弊端，经营效益低下，售后服务和管理手段差。相关批发市场经营条件简陋，经营方式落后，专业化水平低。流通中间环节多，渠道长，大多数日用消费品都要经过几级批发商、零售商或者代理商，生产商和中间经销商之间利益冲突激烈。就流通业态而言，传统流通方式仍占主导地位，零售业态大多是传统的夫妻店，杂货店，代销店，日用消费品连锁经营、农村超市等现代流通业态在农村发展不足，在大多西部地区的广大农村甚至还没有这种现代流通业态的出现。据统计，我国农村流通市场实行连锁经营的交易额占农村总交易额的比重不到10%[1]。

---

[1] 刘湖、彭晖：构建新农村现代商品流通体系实现城乡和谐发展，《消费经济》，2006年第8期，第3-4页。

第三节 城乡一体化对农村流通体系 及构成要素的新要求

我国城乡关系的演变及制度变迁是与我国整个农村改革、农村在整个国民经济全局中的定位密切相关的，也直接伴随着、影响着流通体制改革。尤其在我们这样一个城乡差距较大的发展中大国，促进工农和城乡协调发展，这是推进我国现代化建设的重要保障，什么时候城乡关系处理得好，包括农村流通在内的现代化建设就能顺利推进；处理不好，现代化建设就可能出现波折。

（一）城乡一体化的提出与推进

自城市出现始，城乡关系就进入了理论界的视野。早在欧洲文艺复兴时期，空想社会主义学说的经典著作《乌托邦》，就描绘了一幅城乡无差别的盛世图景，没有农村居民，农业生产资料由城市居民轮流耕种。后来的法国空想社会主义者圣西门、傅立叶通过对资本主义进行批判，阐述了在资本主义条件下消除城乡对立的空想社会主义学说。

1898 年，英国城市学家埃比尼泽·霍华德在《明日的田园城市》一书中明确倡导用城乡一体的新社会结构形态来取代城乡对立的旧社会结构形态，即田园城市的设想，在他看来，城市与乡村各有优缺点，而城乡一体的社会结构则有利于避免各自缺点，并能由此催生新的希望、新的生活和新的文明。受这种思想的影响，在英国、法国等国家一度兴起田园城市运动，英国还建立了田园城市协会。

20 世纪 60 年代，美国学者刘易斯·芒福德也认为城乡同等重要，他在

《城市发展史：起源、演变与前景》一书中，提出建造许多新的城市中心，形成更大的区域统一体，重建城乡之间的平衡，使全部居民在任何地方都享受真正的城市生活的益处。

马克思、恩格斯在空想社会主义的基础上，从当时资本主义城市发展状况出发，深刻揭露了资本主义城市的本质、城市产生和发展规律，探讨了城乡关系变化的根源，认为生产力和生产关系的变化决定城乡分离，只有废除私有制，实行社会主义，才能消除城乡对立。1847 年，恩格斯在《共产主义原理》中提出"城乡融合"的概念，他说到，通过消除旧的分工，进行生产教育，变化工种，共同享受大家创造出来的福利，以及城乡融合，使全体成员的才能得到全面的发展[①]。随着社会主义革命在前苏联的成功，列宁、斯大林进一步提出了新的城乡结合理论，认为城乡结合不仅体现在经济结合，而且要体现在科技文化的结合上，倡导在农产品和工业品交换的基础上调整城乡关系。列宁在研究部署全俄中央执行委员会和人民委员会的工作中提出，电气化将把城乡连接起来，在电气化这个现代高技术的基础组织工业生产，就能清除城乡建设的悬殊现象。毛泽东同志也多次谈到，我们要努力消除工农、城乡、脑力和体力劳动之间的差别，为最终实现共产主义准备条件。

进入新世纪，我国目前总体上已经进入工业化中期阶段，这对我国城市发展理论的创新与发展提出了新的要求。尤其随着工业化的推进，城市化的加快，统筹城乡发展已经成为我国的基本战略，城乡一体化已经成为我国经济社会发展的客观要求。

2002 年党的十六大提出了统筹城乡经济社会发展的方针。2003 年初胡锦涛同志在中央农村工作会议上把解决好"三农"问题定位为全党工作的重中之重，三中全会把建立有利于逐步改变城乡二元经济结构的体制确定为改革的一大重要目标。2004 年党的十六届四中全会又做出了关于工农、城乡关系变化的"两个趋向"的深刻分析，同年，在中央经济工作会议上胡锦涛同志明确提出我国总体上已进入以工促农、以城带乡发展阶段的重要判断。2006 年，党的十六届六中全会提出要逐步实现基本公共服务均等化。2007 年，党的十七大进一步明确了农村改革发展的方向是"走中国特色农业现代化道路，建立以

---

① 马克思、恩格斯：《马克思恩格斯全集》(第 1 卷)，人民出版社 1995 年版，第 224 页。

工促农、以城带乡长效机制，形成城乡经济社会发展一体化新格局"。此后这些年，党的历次重要会议都把细化这一未来城乡一体化蓝图作为重要努力方向。特别是之后的历次中央一号文件，都把"加快形成城乡经济社会发展一体化新格局"作为重要目标和内容，提出推动科学发展，促进社会和谐，夺取全面建设小康社会新胜利，必须加强农业基础地位，走中国特色农业现代化道路，建立以工促农、以城带乡长效机制，形成城乡经济社会发展一体化新格局。要求探索建立促进城乡一体化发展的体制机制，加快破除城乡二元体制，努力形成城乡发展规划、产业布局、基础设施、公共服务、劳动就业和社会管理一体化新格局；健全城乡统一的生产要素市场，引导资金、技术、人才等资源向农业和农村流动，逐步实现城乡基础设施共建共享、产业发展互动互促；切实按照城乡一体化发展的要求，完善各级行政管理机构和职能设置，逐步实现城乡社会统筹管理和基本公共服务均等化[①]。党的十八届三中全会进一步提出，"推进城乡基本公共服务均等化"。

可以说，一个全新的适应全面建设小康社会新阶段要求，致力新型城乡关系建设的理论体系的指导思想和理论体系日益成型。在这个指导思想和理论体系的指引下，中央连续发出了多个指导农村工作的一号文件，不断推进体制改革和机制创新，不断在建立符合统筹城乡发展要求的新的政策体系方面迈出重要步伐。

（二）城乡一体化引发的外部条件变化

推进城乡一体化，要统筹土地利用和城乡规划，统筹城乡产业发展，统筹城乡基础设施建设和公共服务，统筹城乡劳动就业，统筹城乡社会管理，在城乡规划、产业布局、基础设施建设、公共服务一体化等方面取得突破，促进公共资源在城乡之间均衡配置、生产要素在城乡之间自由流动，推动城乡经济社会发展融合。这一切，使得农村流通和农村流通体系建设面临着新的经济环境、科学技术环境、政策环境和文化环境，农村流通体系运行的外部支撑条件正在城乡一体化过程中逐渐发生大的变化。

---

① 参见《中共中央国务院关于切实加强农业基础建设进一步促进农业发展农民增收的若干意见》，《经济日报》2008年1月31日第1版。

纵观我国整个城乡关系演进的实践过程，可以清楚地看到，未来的城乡关系正随着生产力的发展逐步由城乡分割走向城乡融合，从城乡分治走向城乡统筹。我国之所以要进行城乡关系的体制机制改革，主要是矫正计划经济体制下形成的城乡二元体制，在推进城乡发展过程中统筹城乡经济社会的各个方面，突出解决制约农业和农村正常发展的深层次矛盾，把城市和农村作为一个整体统一筹划、统一布局，构建全新的城乡社会和谐发展的基本战略框架。目的不仅在于消除城乡发展过程中对于农村的差异性政策，更要消除城乡发展过程中对于农村的牺牲和掠夺，从而在更大程度上实现城乡之间的和谐互动发展，这对农村流通体系发展而言，将是一个与城市流通平等发展的新机遇。但同时也要看到，城乡一体化并不意味着城市与农村边界的消失，而是要在平等的基础上充分发挥农村、城市的功能作用，实行城乡的融合发展。也要认识到，实现城乡一体化是一个漫长的社会历史过程，不可能一蹴而就，要通过尽快拉动农村经济这块短板、稳步推进城市化、繁荣城乡经济来逐步完成。统筹城乡发展重在以城带乡，促进农村发展，并逐步改变城乡二元结构，建立城乡一体化体制机制，形成城乡经济社会发展一体化新格局。

在较深入考察城乡关系演进规律的基础上，党的十七届三中全会通过的《中共中央关于推进农村改革发展若干重大问题的决定》明确提出，新形势下推进农村改革发展，要把加快形成城乡经济社会发展一体化新格局作为根本要求；把城乡经济社会发展一体化体制机制基本建立作为到2020年农村改革发展的基本目标任务。不仅指出了城乡一体化是统筹城乡发展的基本目标和方向，而且指出了统筹城乡发展是实现城乡一体化的具体途径和措施。

结合我国在城乡一体化方面的政策措施及国内外理论研究，我们认为城乡一体化，具有六个方面的特点：

（1）城乡发展规划一体化。城乡发展规划一体化，不仅是指在要素资源配置上一体化，实现要素市场规划的统一；还指在空间资源配置上一体化，实现区域空间的整体协调。需要指出的是，城乡是不同的空间，各有特点和优势。城乡规划一体化不是把乡村变成城市化，更不是把城市变成乡村化，而是要在遵循城乡各自特性的基础上，把工农业、城市与乡村、城镇居民与农村居民，放到一个平台、作为一个整体来统筹谋划，实现城乡规划的平等和有机衔接。

（2）城乡产业布局一体化。这是城乡一体化的核心和基础。城乡产业布局要强调资源共享、优化配置，有利于促进城乡产业合理分工、互补互促，缩小城乡经济发展差距，为实现城乡协调发展、公平公正创造物质条件。我国一些发达城市已经在探索城乡产业布局一体化方面积累了一定经验。比如推进"工业向城镇工业区集中，居民向城镇和中心村集中，农田向规模化经营集中"等等。实践告诉我们：城乡产业布局一体化，关键是要加快实施以城带乡战略，整合城乡产业资源，确定主导产业体系；要努力营造人与自然和谐的生态环境，优质服务的创业环境，推动城乡之间产业集聚和升级，促进产业做强做大，提高规模效益；要理顺城乡一二三产业之间的关系和各个产业上下游之间的关系，促进城乡产业的整体发展和可持续发展。

（3）城乡基础设施一体化。这是城乡一体化发展的重要条件，也是城乡国民待遇均衡、公共服务均等的重要体现。要求城市基础设施向农村延伸，建立覆盖城乡的基础设施网络；同时要求完善和优化城乡各级公共服务设施，避免基础设施重复建设和低效、低水平利用，实现城乡基础设施共建、共享、共保，优化农村发展环境。重点是彻底改变国民经济分配重城轻乡的格局，改善农业农村生产条件和农民生活条件，促进城乡共同繁荣发展。

（4）城乡公共服务一体化。这是城乡一体化的重要环节。要求按照城乡平等、共同分享的宗旨，努力实现农村居民和城市居民一样，学有所教、劳有所得、病有所医、老有所养、住有所居。这几年，我们着力加大对农村公共事业的投入，城乡义务教育权力的平等基本实现，新型合作医疗网络基本形成。今后要进一步增加投入，重点是改变农村教育环境和条件设施落后的状况，实现城乡卫生服务体系并行、城乡卫生基础网络并轨、城乡卫生资源联动。与此同时，加快农村社会保障体系建设，构建城乡统筹的、与农村经济发展水平相适应的、各种社会保障制度相配套的农村保障制度。

（5）城乡劳动就业一体化。这是城乡一体化的基本问题。要努力打破农业户口、外地户口的制度枷锁，实现城乡人才双向流动，废除对农民进城务工的不合理限制政策。要建立统一规范的人力市场，不断完善对劳动力市场的管理，将农民尤其是农民工进城就业纳入整个就业体系，逐步实现城乡劳动者在就业机会、服务面前的平等。要不断健全面向所有劳动者的教育培训机制，强化对农村富余劳动力的转移就业培训。要加快建立适应农民工特点的社会保障制度。

（6）城乡社会管理一体化。这是一项开创性工作，也是一项系统工程。要用改革创新的思路，建立一体化的城乡管理体制。既不是简单地把城市管理体制和办法照搬到农村，也不是长期维持农村现行管理体制，而应按照转变职能、理顺关系、优化结构、提高效能的原则，重构城乡治理结构，实现科学管理、民主管理、依法管理。要健全党委领导、政府负责、社会协同、公众参与的社会管理格局，健全基层社会管理体制。要健全基层群众自治机制，完善民主管理制度，把城乡社区建成管理有序、服务完善、文明祥和的社会生活共同体。要大力推进乡镇改革，把农村社会公益性事业开支转由财政负担，把城市管理系统和服务功能向乡镇村延伸。

综上所述，统筹城乡发展，实现城乡一体化是一项重大而深刻的社会变革，不仅是思想观念的更新，也是政策措施的变革；不仅是发展思路和发展方式的转变，也是产业布局和利益关系的调整；不仅是体制和机制的创新，也是领导方式和工作方法的改进，这必将使农村流通体系运行的外部环境和支撑条件发生巨大变化。

（三）城乡一体化对农村流通体系的影响和要求

随着我国城乡关系的演进，市场化进程不断加快、买方市场逐步形成，对农村流通体系提出了新的更高的要求。流通体系作为流通产业结构、组织及各种要素之间，以及流通产业与整个经济之间的配置关系和运行方式，包括流通主体、流通渠道等诸多子系统。研究城乡一体化加快对农村流通体系的影响，就要分别研究城乡一体化对这些子系统的影响。

第一，城乡一体化对流通主体的新要求。从改革开放以前的历史来看，城乡关系变化对农村流通主体产生着重要影响。

一是城乡分割体制影响着流通主体的性质。建国以来逐步形成的城乡分割体制，对流通主体最明显的影响就是农村、城市物资流通分别归属不同的组织。在"一五"时期，最初明确工业品主要由国有商业公司经营，后来权利归为商业部，也就是后来的第一商业部，性质属于全民所有制；农副产品和手工业品主要由集体性质的合作社商业经营。全民和集体两种所有制性质的商业组织长期被赋予"唯一合法"的主体地位，并分别从事两个分割市场的经营。私营、个体商业在城乡分割体制下被从法律上"刻意忽略"了。广大农民和城乡手工业者本身可能具有的市场主体和商业职能被国有商业和合作社商业所"代理"。从"一五"期末，事实上，商业模式实行的是"商业分工结合城乡分工"，即城市到农村的商品流通由国营商业负责；从农村到城市的商品流通由供销社负责。

二是城乡分割体制影响着流通主体的构成和数量。城乡分割体制直接决定了城市和农村市场是分割的，两者之间的沟通只通过具有行政职能的商业公司和合作社来进行。自我国实行粮、棉等农产品统购统销制度以来，由于对农业生产缺乏有效、必要的激励，农产品供给短缺始终没能得到缓解，反而使列入统购派购的农产品种类越来越多、规模越来越大，使得那些能够和有意愿活跃在城乡之间的私营和个体商业组织在事实上失去了生存的空间，以致发展到市场化的农产品市场实际被关闭的地步。在农村，政府机构成了收购农副产品的垄断性买主；在城镇，政府机构又成了销售农副产品的垄断性卖主。没有市场的购销活动，生产要素的配置由计划来支配，这就很难准确地反映资源价格，也难实现农业资源优化配置。从数量上看，在广大农村，流通主体主要是几大贸易公司和供销合作社。广大农民面对的主要是集体性质的供销合作社，没有议价能力。私营商业和个体商业没有流通客体，通俗地说就是他们既不能从广大农户手中收购到粮食和农副产品，也不能从"清一色"的国有工矿企业手中获得工业品，从而使得流通无从谈起。

三是城乡分割体制影响着流通主体的规模和集中度。流通主体规模的大小和集中度的高低，与当时的城乡关系非常密切。正是因为千千万万的中小流通主体被城乡分割的大局挡在"门外"，使得有限的流通主体单独承担着城乡互通的巨大任务。在 1978 年，全社会消费品零售总额中，全民所有制和集体所有制流通主体销售总额占比高达 97.9%[1]。当然，这种大规模和高集中度，并非有效的规模和集中度，并不具有市场竞争力，反而因为规模的过分庞大，而有失灵活，从而导致效率低下。

当然，我们必须要认识到，从新中国成立到十一届三中全会召开，农村流通包括农村流通主体结构的状况，最终是由当时的生产力发展水平决定的，在那段特殊的历史上曾起到非常重要的作用。我们探讨、研究城乡分割二元体制

---

① 丁俊发：《中国流通》，中国人民大学出版社 2006 年版，第 67 页。

与农村流通的关系，并不是否认当时政策措施存在的客观性和部分合理性，而是要从千丝万缕的联系中探寻城乡关系演变大背景下农村流通发展的轨迹，以更好地展望、分析农村流通可能和应该走到道路和模式。

从改革开放以来的历史来看，改革开放以来农村流通主体所呈现的一系列积极变化，与城乡关系变迁同样具有密不可分的关系。"十一届"三中全会以来，面对农业农村农民等日益严重的经济问题，面对国内严重的物资匮乏，面对低效的流通管理，我国政府重新把"三农"放在重要位置，率先在农村实行经济体制改革，推行家庭联产承包责任制，改革统购统销体制，陆续放开了主要农产品购销和价格，打破城乡流通的壁垒，使得城乡市场进入了一个新的时期，城乡关系由完全分割也进入了一个城乡互动的新时期。城乡关系互动新时期的开始，对农村流通主体结构的影响至少有两点：

第一，从所有权上解除了农产品从农村到城镇、工业品从城镇到农村的垄断性流通。家庭联产承包的事实，使得千千万万的农户对农业生产剩余有了处置权，既可以和供销合作社进行交易，也可以和小商小贩、私营商业进行交易，甚至可以自己独自进行市场交易，农户和农产品获得了进入城市和农村市场的"准入证"。传统城乡分割体制下由专门机构统购统销的体制失去了立足的根本。同样，部分生产企业对工业品也一样，既可以通过原来的国有商业机构经销，也可以独自销售或者通过其他流通机构销售。有了相对独立的所有权，尤其是广大农户有了对剩余产品的所有权和经营权，从根本上破除了城乡分割体制下垄断性流通主体存在的根基。

第二，生产力的发展为流通主体的发展奠定了坚实的基础。无论是农村家庭联产承包经营责任制，还是国有商业机构的改革，这些有助于城乡关系改善的措施，都较大地促进了生产力水平的提高。特别是对于广大农民来说，农村经营制度的改革，极大地提高了他们的生产积极性。以粮食为例，1984年我国粮食生产获得超历史水平的大丰收。之后尽管粮食产量出现波动，但总产量始终保持在较高水平。粮食产量的增加推动了流通领域包括国有粮食购销企业、粮食价格等方面的改革，吸引了不同所有制粮食流通主体参与其中，为粮食流通市场的繁荣和粮食流通主体的发展奠定了基础。同时，广大城乡居民尤其是农村居民在城乡互动、农村经济体制改革中获益，收入水平了有了相当大的提高，从新中国成立以来城乡关系变化与农村流通体系变迁的对比（表4.3.1）

可以看到，农村居民形成了重要的消费力量，推动了流通主体的发展。

进入新世纪以来，不论是城市市场还是农村市场都表现出持续兴旺活跃的运行态势。特别是近几年来，随着党中央、国务院一系列强农惠农政策的贯彻落实，增强了农民的购买能力，尤其是城乡统筹、以工补农、以城促乡等一系列新农村建设政策措施的出台，使农村经济迅速发展，"万村千乡市场工程"和"双百市场工程"的实施，极大地改善了农村流通状况，为农村消费品市场发展创造了良好的外部条件，农村消费品市场发展明显加快，城乡之间消费增幅的差距不断缩小。农村消费市场的繁荣，影响并带动了一大批流通企业发展、壮大，尤其是使得一些专门从事农副产品流通的农民专业合作组织和协会出现、发展，成为我国流通主体结构中的一支新生力量，并在流通市场中发挥着越来越重要的作用。

表 4.3.1 城乡关系变化与农村流通体系变迁

	城乡关系变化与农村居民家庭人均纯收入	农村居民家庭平均每人出售的主要农产品	流通主体
1949|1978	典型的城乡分割体制。1949年人均纯收入为44元，1957年73元，1978年134元。	1978年，仍有2.5亿农村居民生活水平处于绝对贫困线以下，农村居民还未跨入温饱阶段，粮食主要实行统购、统派。	粮食流通纳入商业部统一管理，流通主体主要是国有商业与供销合作社商业。
1979|2001	农村改革迈出重大步伐，人均纯收入从1978年的133.6元增长到2000年的2253.4元。	出售粮食从20.6公斤，增长到2001年的268公斤，蔬菜、水果等经济作物的品种、数量大幅增加。90年代以后，价格双轨制向市场形成价格过渡。	农民成为重要的市场主体，多种所有制的专业流通主体得到发展。
2002|2013	城乡融合趋势明显，农村居民家庭人均纯收入从2001年的2366.4元增长到2013年的8896元。	出售粮食基本稳定在300公斤以上，其他经济作物有了进一步增长。主要农产品市场议价能力明显提高。	流通主体发生重大变化，多种经济成分、多种流通渠道、多种经营方式、多种经营业态并存的商品市场格局和遍布城乡的流通网络已经形成。

新世纪以来农村流通主体的巨大变化，从根本上说，还是与整个市场经济的发展阶段和水平是相适应的，与城乡关系变化存在相当大的契合度。党的十六大以来，城乡关系发展最大的一个变化就是城乡的分界线在逐步被打破，农村被给予与城市日渐同等的重视；手段是由过去的城乡分割、以农助工，转向

城乡统筹、以工补农、以城促乡；政策的集中体现为城乡一体化的提出与推进，中央提出要统筹土地利用和城乡规划、统筹城乡产业发展、统筹城乡基础设施建设和公共服务、统筹城乡劳动就业、统筹城乡社会管理，努力实现在城乡规划、产业布局、基础设施建设、公共服务一体化等方面取得突破，促进公共资源在城乡之间均衡配置、生产要素在城乡之间自由流动，推动城乡经济社会发展融合。

尽管目前尚没取得决定性的成效，但城乡一体化的推进在三个方面上对流通主体结构产生影响。一个是城乡居民尤其是农民收入增加，为流通市场的扩大奠定了收入基础，使得流通主体上规模、上数量有了可能。城乡关系变化引发了收入结构变化（见表4.3.2），尤其是党的十六大以来，城乡之间资金、人力流通性进一步增强，相对平等的市场竞争环境进一步改善，使得更多的农村居民进城务工更加便捷，农民收入来源多元化趋势明显，这不仅从消费的角度为流通市场的扩大提供了坚实的支撑（见表4.3.3），同时本身也带来了巨大的流通增量。二是城乡一体化将把城镇化推到一个新的高度，农村实际就业群体减少，农业生产集中度将不断提高，农业生产者作为流通主体之一将会有更多的发言权，也由此对现阶段农村流通体系产生更强烈的变革要求。三是农村基础设施和公共服务的改善，为流通市场的开拓和流通主体的发展提供了便利，降低了农村流通成本；同时，也有利于更多大型商贸企业进入农村，提高农村商品流通的集中度。四是城乡产业统筹和现代农业的发展，对流通主体发展的领域、形式提出了新的要求。农业生产和与之相对应的流通应向更现代化的方向发展，农村流通主体的企业化、市场化、专业化水平将得到新的提升。

但也要看到，与城乡一体化所要求实现的大市场、大流通相比，流通产业主体结构的合理化仍有相当长的路要走。流通产业主体结构合理化是产业结构高级化的重要内容，其一经确定，便具有相对稳定性，先进合理的主体结构会对企业和流通产业的发展起到积极促进作用；相反，落后不合理的主体结构将会阻碍产业的发展。

表 4.3.2 农村居民收入结构的变化

收入项目	1990年	1995年	2000年	2005年	2007年	2008年
纯收入	100	100	100	100	100	100
工资性收入	20.2	22.4	31.2	36.1	38.6	38.9
家庭经营收入	75.6	71.4	63.3	56.7	53.0	51.2
财产性收入	4.2	2.6	2.0	2.7	3.1	3.1
转移性收入	0.0	3.6	3.5	4.5	5.4	6.8

表 4.3.3 农村居民家庭收入生活消费水平比较

	低收入户 (20%)	中低收入户 (20%)	中等收入户 (20%)	中高收入户 (20%)	高收入户 (20%)
2000年	977	1233	1501	1877	3086
2005年	1548	1913	2328	2879	4593
2008年	2145	2653	3286	4191	6854
2008年比1980年增长（倍）	19.4	20.1	20.6	21.1	25.3

第二，城乡一体化进程对农村流通渠道提出了新的要求。农村流通渠道作为农产品、日用工业品和农业生产资料等由生产向消费流动的所有环节的组合，通常用流通渠道的长度和宽度来衡量。长度是指从生产到消费流动中需要经过多少个中间环节；宽度表示某一农产品、日用工业品和农业生产资料等需要经过多少个平行的批发或零售环节进入消费领域。

城乡一体化加快意味着将统筹土地利用和城乡规划，统筹城乡产业发展，统筹城乡基础设施建设和公共服务，统筹城乡劳动就业，统筹城乡社会管理，在城乡规划、产业布局、基础设施建设、公共服务一体化等方面取得突破，进而促进公共资源在城乡之间均衡配置、生产要素在城乡之间自由流动，推动城乡经济社会发展融合，这必将促进流通渠道不断变宽、变短。

从城乡分割与新时期农产品流通渠道示意图变化中，我们可以清晰地看到，城乡分割体制下，农产品从生产到最终消费，只能通过国营商业这一条腿，渠道非常窄。但所经过的环节并不少。从国营商业到消费者要经过繁杂的三级批发才到零售，而从零售到消费者也并不是简单的买卖关系，很多需要资格性、有限量的票据。城市有城市的，农村有农村的，品种、多少各不相同。另外一部分流通，则完全是通过指令性分配，哪个村子分多少生产资料，留多少农业剩余都有一定规定。

改革开放以来尤其是党的十六大以来，城乡之间的区域、价格、政策壁垒逐步弱化甚至消除，农产品、农业生产资料或者日用工业消费品流通，可以通过多种途径实现，流通需要经过的环节也有明显减少，批发不一定要经过一级、二级、三级等环节，可以直接从农村到城市，也可以直接从城市到农村；可以直接从田间地头到大的省会城市甚至国外，也可以从省会等大城市直接到乡村。生产者既可以通过中间商间接面对消费者，也可以直接把农产品出售给需要的个体和组织。中间商业组织也不在局限到国营属性，而是多种所有制、多元化结构。从流通环节看，批发的集团化、连锁化趋势明显；零售商业作为流通的终端，集中程度不断提高，大型化、综合化、连锁化趋向明显，网络购物范围和深度越来越广。应该说，从城乡分割到现在城乡一体化加快，农村流通渠道总的来看，还是越来越宽、越来越短，尽管还存在这种那样的问题。

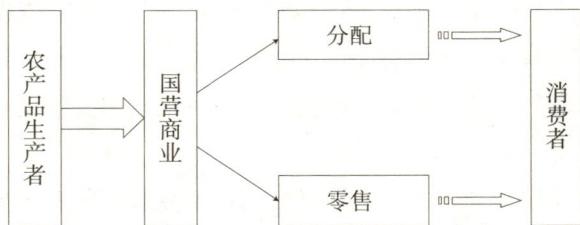

图 4.3.1 城乡分割下农产品流通渠道示意图

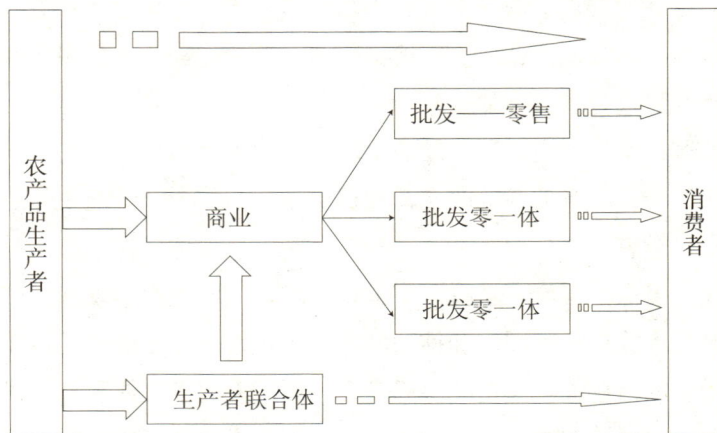

图 4.3.2 近年来农产品流通渠道示意图

进一步来看，近二三十年以来，我国一直处在从城乡分割向城乡一体化加快发展的转型期，处在城乡二元经济结构得到改变的过渡期。城乡一体化进程的加快和对城乡二元体制改革的不断推进，有力地推动了农村流通渠道的改进，一个多层次、多类型的农村流通渠道框架体系正在形成。

城乡关系的演变对农村流通渠道的影响主要表现在以下一些方面：

一是农村流通渠道主体结构多元化，市场竞争机制初步形成。如前所述，与城乡关系演变相对应，农村流通改革发展的一个突出变化就是从相对单一的传统国营商业（包括集体所有制的供销合作机构）转向多种所有制、多种经济成分的流通主体结构，尤其是大量小商小贩进入农村流通渠道，并发挥着灵活而巨大的有益补充作用。同时，不少外资流通企业也开始涉足农村流通渠道竞争，未来农村流通渠道主体之间的竞争将更加激烈。

二是多种流通渠道模式涌现，流通效率不断提高。改革开放以来，尤其是进入新世纪以来，农村流通渠道模式已由以前单纯的计划性行政分配转为"自产自销"、"生产＋中间商销售"等多种类、多层次流通渠道模式。同时，农业生产资料、农村日用工业消费品等企业的自主经营权不断得到扩大。这些组织可以通过更加有效方式，根据农村流通的特点与消费者的要求，选择那些成本更低的流通渠道。

三是经营形式向集约化方向发展，流通渠道变窄。随着城乡基础设施的改善和城镇化进程的加快，统一市场趋势越来越明显，这对流通主体的经营形式提出了新的更高的要求。为了更好地满足消费者不断变化的各种需求，优化配置流通主体资源，降低流通成本，连锁经营、专业化经营、集团式经营成为不同流通主体的新选择。

四是流通技术推广应用进入新的阶段，流通渠道的现代化正在受到广泛重视。在当代社会，城乡关系的改变，使得市场空前扩大，流通主体所面对的市场不仅是农村或者城市，而是一个日益统一的市场整体。这个市场整体既给流通渠道现代化提供了可能，也提出了迫切要求。只有流通实现现代化，流通渠道实现通畅，才能更好地顺应和推动城乡一体化发展，才能满足城乡一体化背景下迅速增长的市场需求。这些年以来，我国广大流通主体和相关机构已从各自方面，在流通渠道的组织结构设计上、经营形式乃至管理方法上等进行了积极探索。

对此，我们可以从蔬菜流通渠道来观察城乡一体化可能对流通产生的影响。随着城乡居民生活水平的提高，蔬菜消费需求逐年增加。蔬菜的生产具有明显地域性、季节性，但蔬菜的消费却是常年的、普遍的，这就需要通过高效的流通渠道来连接生产与消费，解决蔬菜生产和消费的时空分离问题。现在蔬菜流通最重要的渠道是"产地批发＋各级中间批发＋销地批发＋销地零售"、"产地批发＋销地批发＋销地零售"、"产地批发＋销地零售"。在这些流通渠道中，产地批发商不需要面对众多的最终消费者，而只需将蔬菜销售给中间商或者销地批发商，销地批发商负责销地零售组织。当然还有直销渠道，但因非常有限，所占市场份额极少，故在目前农村蔬菜流通中只是辅助性渠道。

由于蔬菜具有极强的易损性。如果流通渠道过长，贮存和运输环境较差，会因此造成蔬菜重量减轻，品质变坏。同时，由于蔬菜含水量高，在流通渠道中，很容易因装卸、搬运等活动使其不同程度地受到伤害，加速其腐败过程。因此，减少流通环节，减少蔬菜在流通渠道中的损耗，确保蔬菜品质，显得尤为重要。在城乡二元体制下，由于信息的不对称、城乡地区之间市场封锁、交通运输不便、交易市场建设甚至交易手段的落后，减少中间商更会增加各方面成本，因此导致了蔬菜流通中间环节的增多。流通环节的增多，导致流通费用在整个蔬菜价格中的比重居高不下，拉大了蔬菜种植者与消费者的距离。城乡一体化加快，至少从两个方面，为减少流通环节提供了新的可能和便利。第一是城乡市场逐渐统一，交通运输工具便利，信息沟通日益便利，减少中间商不一定会增加成本，也能实现正常的信息交换；第二是中小城镇量的增多与质的提升，为流通渠道选择提供了新的可能。城乡一体化进程的推进，必然带来城镇化率的提高，这些介于大城市和农村之间的中小城镇，必将成为蔬菜流通的重要节点。还要考虑到，目前蔬菜流通环节过多，一个原因是蔬菜批发领域标准化水平不高、功能不健全，大部分市场只为批发商户提供一个基本的交易平台，而在仓储、冷链、质量检测等方面不作为，从而使得还需要另外的环节来弥补并完成这些职能，也就自然延长了流通链条。

下面以批发的变迁为例，来具体分析城乡一体化进程加快对批发业的影响。计划经济时期我们形成了与城乡分割状况相一致的农产品、农业生产资料和农村日用工业品批发体系，其显著特点是计划行政性分配为主，并指令性地设有一二三级批发站。不可否认，这种体制在物资比较匮乏的建国初期相当长的时间里，起到了保障农村生产生活的重要作用。但随着经济的发展和生产能力的提高，随着城乡一些界限逐步被打破，随着农民生产扩张能力和交易能力的提高，原有的指令性的批发形式就难以适应生产扩大化和需求多元化的需要了。

事实上，在城乡一体化进程加快背景下，批发体系发生了许多重要变化：

一是批发主体发生了巨大变化。改革开放以后，随着城乡基础设施的改善和农村信息沟通能力的提高，出现了大批从事日用品批发、农业生产资料批发的小型批发部、农业生产资料供应点。这些批发部的货物来源主要来自上级规模更大的批发商，农村基础设施的改善使得这种二级、三级甚至更多级的批发成本有了较大降低，并随着城乡一体化加快呈现进一步下降趋势。个别的也从生产商直接进货，但由于规模限制使得直接进货的可能性较小。与之相应，较大规模的批发企业也发生了变化。一方面不少生产企业注意到流通领域的巨大利润，把相当一部分产业资本投入到流通领域，自营批发，从而获取商业利润。但这些生产企业自营的批发业多面向下级批发商和城市商贸零售业。另一方面流通企业所有制结构发生了较大改变。国有批发企业通过改制改组，仍属于批发业的主力，尤其是在农药、化肥、烟酒等农村消耗较大的生产资料和日用工业品方面，市场占有率仍然很高。一些企业已经成为批发代理商和经纪人，一些国有或集体零售企业在发展零售商业的过程中，实现批零兼营，开始进入批发领域。同时，个体、私营等非公有制经济开始进入批发业，并获得了快速发展。从农村日用工业品到农业生产资料，都可以看到他们的身影。当然，由于传统城乡分割体制下，国有商业在农村的固有地位，使得这些批发机构在农村开展批发的成本相对较低，往往具有先发优势，尽管这种优势越来越不明显。

二是批发载体发生了巨大变化。一方面，依附农业生产基地较便利的农产品批发交易市场获得了跨越式发展，流通渠道变宽。另一方面，城乡批发开始脱离生产的依附，向交通便利、消费集中的节点地区转移、集中，随着城乡一体化进程的加快，这种趋势更加明显。城乡基础设施、服务等的改善和逐步趋同，使得从田间地头到交易市场的成本大大缩小，从而令不少交易市场和从事批发业的实体开始把批发载体转移到那些具有明显的交通、人流、物流、资金流较聚集的结点位置。这些年来，环渤海、长三角、珠三角三大批发产业带的形成和壮大就很能说明这个问题。

同时，多类型的批发形式出现，并在农村得到发展。一种是广大农民特别是农业大户通过经纪人、销售企业等中间商，进行订单式生产和批发。尽管由于我国信用体系尤其是农村信用体系尚不健全，不少订单企业也缺少必要的诚信，容易出现"多了没人要"、"定价风险"等现象，但这种批发方式发展速度较快。另一种是电子批发交易。随着互联网逐渐从城市走向农村，城乡之间的沟通模式可以越过实体批发交易商环节，直接通过虚拟平台实现个人与个人、个人与企业、企业与企业的交易，流通渠道变短。当然这种交易现在还多限于特色农产品和大宗农产品批发。

三是批发范围和对象发生了巨大变化。批发的范围和对象的变化，与城乡关系具有更明显的直接关系。传统上，批发企业或者面对城市，承担从农村到城市的中间商角色；或者只面对农村，负责从城市到农村的沟通任务。而现在批发企业既可以面对城市批发农产品，也可以同时面向农村批发日用工业品和农业生产资料。这不仅是有城乡分割体制下特殊的分工决定的，而且是因为城乡差距太大，导致城市批发企业进入农村成本过高。而且，城乡分割体制下，批发企业覆盖的范围较窄，渠道都比较长。随着城乡融合的加快，批发跨域经营和直接面对消费终端成本降低，地方壁垒和城乡壁垒可能发生作用的领域越来越少。

此外，城乡一体化加快将对流通技术体系的影响。流通技术是农村流通体系支撑条件的重要组成部分，也现代流通发展水平的重要标示。在新时期，它主要是指除传统的人力物力财力之外的各种技术要素在农村流通领域的结构和表现形态。

在城乡分割体制下，流通业作为一个分别存在于城市和农村的附属性行政部门，主要靠指令性计划来发挥连接生产和消费的职能，是典型的传统的劳动密集型产业，技术含量低，市场反应能力弱，流通业发展与生产发展、消费需求之间都存在"脱节"，因而制约了流通业发展的水平和速度。改革开放以来，随着城乡市场互动的加强和商品流通总量的剧增以及内外贸流通体系统一需要，原有的低效率的流通对生产的阻碍作用越来越明显，到了必须改革的地步。在这种情况下，适应新时期流通需要的技术结构发生了一系列较大变化，流通技术体系的完善程度成为衡量整个农村流通体系建设的关键性子体系。

改革开放以来，流通技术主要在以下领域取得了重大突破：一是信息技术。信息技术主要是通过电子信息技术的存储、加工和互联的功能，实现企业管理系统的电子信息化、市场调控网络系统的电子信息化、商品交易系统的电子信息化。其中既包含软件技术，也包含相应的硬件技术和工艺。二是仓储运输技术。城乡互动加强后所出现的大流量、多需求的商品供给和需求状况，客观上需要产品检验、保养、流通加工和防护技术等；也需要对商品进行存储、装卸、计量、进发货监测、业务管理等相关技术；还需要现代化的输送方式、运输工具等高效、安全的运输技术。在这种情况下，仓储运输技术就应运而生并得到较快发展。三是标准化管理技术。因为区域发展水平、城乡历史差距、各地生产条件和工艺水平以及个体管理差异等多种因素影响，流通客体呈现出千差万别的状况。要实现城乡融合中流通产品的安全和高效，标准化技术是一个有效做法。标准化是商品在流通过程中，围绕生产、销售、运输各环节发布和制定一定技术规范的过程。近些年，我国流通领域的计量手段和技术水平达到了较高水平，质量管理提升到了一个新的层次，为流通规模的扩大和水平的提高，奠定了非常好的基础性条件。四是流通过程中辅助性加工技术。这个过程既属于生产再造的过程，也属于流通发展过程的增值环节。考虑到流通本身的特点、规律，为了适应运输的便捷性、安全性和舒适性等方面的需要，流通包装等辅助性加工技术潜力十分巨大。此外，还有现代营销技术，主要是通过现代科学技术手段和工艺，在经营环节进行的促销方式、手段。

总之，城乡一体化的深入推进，将给目前农村的农业布局与结构、农民的生产生活方式带来深刻变化，小生产的传统农业被日渐被大生产的现代农业所取代，与之相应，我们现有的农村流通体系必须要紧跟城乡变化大趋势，适应农村发展新形势，积极变革不适应农村生产发展的环节，力争在城乡一体化中发挥更大作用。

第四节　农村流通体系构建中的
特殊性与路径依赖

这些年来，在党和政府的领导下，不同层次的利益群体都在努力完善农村流通体系，以期更加适应农村经济社会发展的需要和城乡一体化的新趋势，更能提升流通的质量和效率，给流通主体带来更大收益。但事实上，各种努力的收效甚是缓慢。2011年上半年，在全国范围内出现的城市农副产品价格飞涨和农村大量农产品卖不出去的背离现象，充分说明了当前农村流通体系建设中遇到的困难。分析起来，这种困难主要源于农村流通体系构建中存在的特殊性与路径依赖。

（一）利益固化效应

现阶段的农村流通体系尽管运行效率较低，实现的是低水平的权力均衡，但在长期运行中也形成了相当多的固定利益集团。比如，在农村商品流通中的流通市场等载体，在现阶段流通体系中属于无风险投资。只要农村和城市之间的商品流通存在，无论流通环节多少、流通渠道长短；无论流通效率如何，它们都要分享固有的一份收益。这份收益或者说利益在短期看几乎不会因设备更新、平台升级和服务提档而有明显变化。因此，对于类似流通市场这类隐性流通主体或载体来说，他们是现有体系的受益者，因此也就缺少为提高流通体系运行效率而进行的努力。

（二）示范学习效应

示范学习效应主要指的是现阶段农村流通体系仍然发挥着巨大作用，是沟通城乡商品流通、满足城乡居民生产生活需要的重要途径，是不同利益主体实现利益的一个方式，这对原有流通主体、新进流通主体乃至流通体系的改革者都起到示范学习的作用。在示范学习效应下，不同利益主体获得更大利益的方式往往不是从完善整个流通体系入手，而是向在以往流通中获得较大收益的主体学习。在这种作用下，可能产生两个弊端，一个弊端是增加了流通中的交易成本，流通主体间学习、模仿等交易费用将明显增加；另一个弊端是可能导致更多的流通主体向既有流通模式和盈利模式方向努力，使得农村流通体系发展停滞不前，甚至对社会生产力和城乡一体化起到阻碍作用。

（三）系统协调效应

农村流通体系是个整体，经过 60 多年的发展，已经形成了相对稳定的协调关系，各构成要素不愿打破已有的关系。从农产品流通的角度看，对应着小生产，中间商已经形成层层递进的收购、流通、零售格局；从农业生产资料流通的角度看，农业生产资料流通现在存在的农资公司、供销社等，长期以来已经与生产企业建立了较稳固的产销关系，生产者和销售者各负责一方，各自分享各流通领域的收益；从农村日用消费品流通的角度看，散、小、乱、差的流通市场，在某种程度上是与过去农村的需求特点相对应的，大量中小流通者在其中获益。从博弈论的角度看，从生产者到中间商再到消费者，任何一个主体结构的变动，都会引起新的利益分配，从而引起与其他主体的利益博弈，博弈的结果总是倾向于向更小的变动发展。更主要的是，单从某个环节入手或者某个企业从自身入手，在没有相应环境配套的情况下，需要支付的成本会更大，也难以取得更大效果。

（四）成本风险效应

克服现有农村流通体系的弊端，必然会面临着一定的成本风险。这种成本风险主要体现在两个方面，一个方面是创新的风险。新的流通渠道、新的流通方式和经营业态，本身因为经营管理等因素使其带有一系列不确定性。对大多数风险回避者来说，更愿意原有的固定的盈利模式。另一个方面是改变的风险。原有的流通方式、可能遇到的流通环节、面临的体制机制环境都为流通主体所熟悉，改变后的不可控性、不确定性，使得流通中的利益主体更倾向于固守原来的流通体系。

第五章

美日农村流通体系构成要素效率分析：多案例研究

当今世界，一个国家或者地区的竞争能力，越来越取决于流通能力的大小，流通体系的完善程度和效率高低直接关系着各国或地区经济运行的效率与最终效果。美国、日本等经济发达国家长期以来对流通给予特别的政策倾斜，实行了一系列十分有效的措施和做法，在流通体系建设尤其是农村流通体系建设上取得了可喜的成绩。由于这些国家城乡一体化程度较高，农村流通体系与城市流通体系紧密地融合在了一起，但同时也有其独有的特点。未来很长一段时间，我国也要经历与这些国家类似的城乡一体化深化的过程，他们的经验、做法，值得我们深入研究、借鉴，以更好地发挥流通特别是农村流通在经济社会发展中先导作用。

第一节　美日农村流通体系发展和现状的描述

（一）美日农村流通体系发展的主要历程

1.美国农村流通体系发展的主要历程

美国现代农村流通体系发展，是随着农业发展和运输、通讯基础设施的发展而快速推进的。十九世纪中叶开始，随着美国农业发展和主要运输、通讯基础设施建设完成，农产品、农村日用消费品流通实现了大发展。农产品流通渠道由多级代理商演变为现代农产品经销商。商品交易所随着农产品标准化等逐渐发展起来。1840年美国芝加哥谷物交易所的成立，被视为现代期货市场诞生的标志。与此同时，工业消费品批发商功能开始向上下游延伸，建立了十分庞大采购网络，农村的小商小贩的盈利空间越来越小。

十九世纪末到十二世纪中叶，美国进入工业化后期，农业现代化、工业化进入深化阶段，现代流通业态在农村地区得到了充分发展，商贸区域集中化明显。19世纪末到20世纪初，大型商贸服务业得到快速发展，邮购商店竞争力越来越强，连锁商店成为全国性零售机构，并后来居上。到了上世纪二三十年代，超级市场作为一种新的零售业态诞生、发展，布局在农村交通枢纽、集镇或者专门商业中心，成了美国农村最强势的零售渠道之一。

二十世纪下半叶，零售业规模化、集中化趋势更加明显，零售业不断向大型化方向发展，并与生产商建立了更加紧密的联系，直接采购、集中配送成为常态。这些零售巨头通过连锁经营、自动售货，占据了相当大的农村市场。批发商经历了快速发展、空间缩小两个阶段，批零联盟，尤其批发商与中小零售商联盟陆续发展起来。

到了上世纪 90 年代中后期，第三方物流快速发展，并渐成主流。越来越多的农产品、农村日用消费品生产者都开始与能够提供全方位多功能的物流服务商合作，传统仓储转向配送中心。第三方物流的发展，成为了农村流通的"第三利润源"，大大降低了农产品、农村日用消费品流通渠道运行的成本。

2.日本农村流通体系发展的主要历程

日本农村商品流通的发展主要建立在两次比较明显的飞跃之上。第一次飞跃大约发生在上世纪六七十年代。这个时期，战后日本在恢复重建中实现了工业的高速发展，但与之相反，农业远远滞后于工业部门。1961 年，日本颁布了《农业基本法》，在作出国家财政向农业倾斜、对农业生产实行保护的同时，对农村商品流通尤其是农产品流通的市场规则进行了详尽的规定。这个世纪七十年代，《农业协同组织法》颁布，对农协的性质、组织原则和支持机制进行了规定，并赋予农协组建批发市场和集配中心，开展物流、商流、信息流等功能。1971 年，日本新版批发市场法出台，之后又陆续出台了相关法施行令和市场运行规则，对批发市场尤其是农产品批发市场的准入退出、运营、监督等方面都做了具体规定。这些措施有力地促进了农村经济和农产品流通的发展。随着农村经济的发展，带有"销售革命特点"的日本第一次流通革命发生，并迅速传到农村。第一次流通革命的标志是大量新型流通业态的出现，在农村主要表现在：传统的百货商店、小型杂货店等零售终端，越来越难以适应农村经济快速发展的趋势；城市中出现了进行农产品流通的新型流通业态，比如一些大企业主导的超级市场、连锁经营等，并开始向农村扩展，逐步形成了一个包括组织体系、管理体系、市场信息系统和配套设施完善的农产品运销体系。

第二次飞跃发生在上世纪 90 年代。这个时期，受经济泡沫的影响，日本农村消费市场低迷。为了实现降低成本，越来越多零售商尤其是大型零售商和生产商建立了更加直接的交易关系，低价格零售业态不断发展，即日本历史上第二次流通革命。第二次流通革命在农村流通中的突出特征是《大店铺法》修改，生产商和零售商、物流企业联合起来，形成包括农产品、日用消费品等商品在内的产销同盟，零售商在农村流通中的地位凸显。受此影响，从上世纪 90 年代开始，日本批发业功能重新定位。这一重新定位主要表现在：一是职能的扩展。不仅继续强化了原有集中、批发功能，还提供了包括配送、仓储、信息传递、资金融通等综合服务。二是批发向零售市场进军。一方面批发业直接经营零售业，实行批零兼营或批零一体化；另一方面通过协议、参股等多种形式，为中小零售店提供农村商品的配送、信息的分享。三是实行产销供一体化。通过上下游资源的整合，实现商品生产、分类、运输、批零等一整套生产流通业务的一体化经营。综合商社就是这方面的典型。

（二）美日农村流通体系构成要素的现状

1.美国农村流通体系的现状

美国作为世界上经济最发达的国家，流通体系包括农村流通体系十分健全。美国农村流通渠道比较短，环节少，效率高。日用消费品通过批发进入零售的比例要远小于从生产直接到零售的比例。图 5.1.1 显示了美国农村商品流通的主渠道。日用消费品流通渠道有两条，一条是通过批发环节进入到零售渠道，一条是生产者直接到配送中心或者说配送中心通过集中采购，再统一配送到零售商。农产品流通的绝大部分是直接由生产者经配送中心进入零售渠道，流通速度快、效率高。

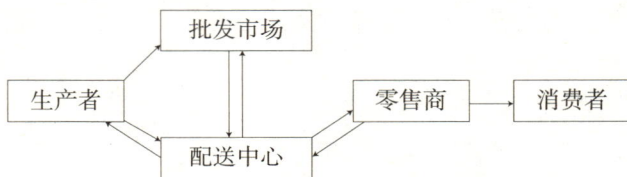

图 5.1.1 美国农村商品流通的主渠道

在图 5.1.1 中，配送中心是个非常关键的环节。在美国，配送中心主要分为专业性配送中心、批发企业配送中心、大型商贸企业配送中心、生产企业配送中心等几种，分别代表着对流通渠道的不同整合模式。

批发市场这些年在美国农村流通中的地位又有所回升。由于美国农业产地比较集中，主要几个农业州的农产品产量几乎占全国 2/3 左右，导致产地批发市场也比较集中。零售商在批发市场通过代理、拍卖、期货等方式与批发商进行交易，然后通过配送中心送达零售终端。销地批发市场主要集中在交通枢纽地区，因此又称车站批发市场，主要面向城市居民。美国批发市场，大都属于企业性质，竞争比较激烈。

在日用消费品流通和农产品方面，除了传统的零售业态外，购物中心、便利店、自动售货店、大型专业店和廉价商店、大型超级市场快速发展，零售商的大型化、组织化程度不断提高,连锁经营、统一配送比较普遍。从而使得美国蔬菜、水果等农产品价格比较合理。但由于城乡距离较远等原因和交通特别便利,在美国很多地区日用消费品网络呈现出相对集中的特性,不少家庭都利用节假日进行统一采购。

2.日本农村流通体系的现状。

日本很早就建立起了比较完备的农产品流通体系和农产品运销体系。农协是日本农村流通的重要主体,一方面它既代表着生产者,是生产者的组织;另一方面它也代表着消费者,是农业生产资料消费的主体;同时,它还是承担着流通的重要职能,包括组建批发市场、物流公司、销售终端。现在,相当大比例的农产品流通、农业生产资料流通的终端销售都有农协直接参与的成分。

批发市场既是重要的流通环节,也是重要的流通载体。在当今日本农村商品流通中,批发市场发挥着至关重要的作用,占有重要地位。目前日本农产品流通绝大部分都要经过多级批发环节。图 5.1.2 显示了日本农产品流通的一个重要渠道模式:从生产领域出来的农产品,进入批发领域,然后通过拍卖的批发机制,在批发市场传递给下一级批发商或零售终端,下一级批发商或零售终端间接或直接销售给消费者。

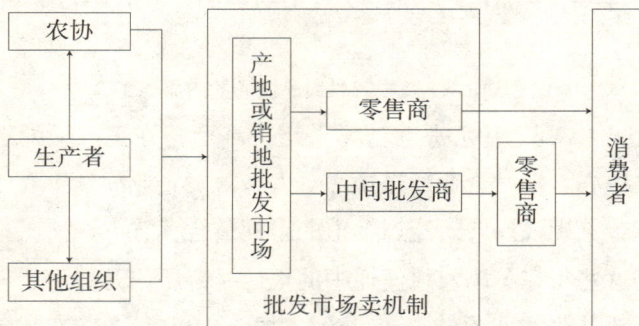

图 5.1.2 日本农产品流通的一个渠道模式

日本批发市场种类齐全,按地域分全国性批发、区域性批发和地方性批发;按流通客体的专一性分综合批发、专业批发;还可以分为一般批发商和代理商;一次批发、二次批发、三次批发等等。日本批发市场设备先进,完全实现了冷链化、搬运机械化,信息发布和采集水平高,科学管理水平高。许多农产品批发市场都实现了与全日本乃至世界主要农产品批发市场的联网,批发市场有着强大的信息集聚、处理功能，可以不进行现场看货，而实行仅看样品的信息交易。但因为日本批发环节较多，且对一部分中间批发商批发业务进行了限制，所以也在一定程度上提高了流通成本，最终导致农产品零售价格较高。

日本农村流通经营业态多以连锁经营为主，大型商贸企业特别是综合商社通过连锁的方式建立了便利高效的零售网络，实行物流统一配送，消费品的质量有保障，城乡发展水平的趋同也使得购物比较便利。近年来，一些农协组织或者农户在城乡开设直销性质"直卖所"，进行农副产品销售，得到了快速发展，正在成为一个日益重要的农产品流通渠道。

第二节　美日农村流通体系构成要素主要特点的分析

（一）美日农村流通体系构成要素的主要特点

1.流通主体的特点

美国、日本等经济发达国家流通主体的组织化程度普遍较高，主体大型化趋势明显。这主要表现两个方面，一方面是流通主体生产、流通的规模较大；另一方面是流通主体合作机制较完善。从农产品流通的角度看，农产品流通的主体一般不是单个农户或者商贩，单独的农户或者商贩在农产品流通主体中较少。农产品流通主体通常是建立在个人基础上企业化经营的农场、农民合作组织和规模较大的批发与零售企业；而且，生产者、中间批发商和零售商之间的合作非常紧密。从日常消费品流通的角度看，流通主体规模化、组织化更加明显。这些流通主体不仅在国内外从事商品流通，深入到农村每个角落，而且在国际商品流通中具有非常大的话语权。流通主体规模化、组织化突出表现在跨国商业公司上，这些公司通过其强大的流通能力、资本实力和流通技术，成功地打通了城乡商品流通的渠道。

从日本农村流通主体的情况看，农协、大型商社、大型批发商是农村流通中主要主体。日本农协是组织日本农民进入流通领域的关键组织，具有组织生产、采购农业生产资料和销售农产品等多种功能，在保障促进农产品买卖、维护农民利益等方面具有重要作用。在日本，几乎所有的农户都加入了"农协"，几乎所有的农产品都由农协销售，几乎所有的农业生产资料均由农协采购。农协内部还设有众多运输联合会，有力保障了农产品和农业生产资料运输。三菱商事、三井物业、住友商事等大型商社在日本农村批发、零售领域占有特别重要地位。这些商社规模巨大，公司规模在 2002 年位居全球 50 强前列[①]，这些大型商社通过控制上游生产环节和下游销售环节，大大减少了流通环节，降低了流通成本，提高了流通效率。

从美国农村流通主体的情况看，美国农场生产规模较大，现代化水平较高。大型零售企业在兼并重组中不断做大规模，甚至在某些地方或领域控制着物流、销售等环节。为了提高流通主体的组织化程度，维护单个流通主体的利益，在一些相关的生产、流通领域，还成立很多具有相当影响力的专业协会，比如"全国农场主联盟"、"美国农业联合会"、"果蔬协会"等，对下为生产、批发、零售等会员提供信息，对上协助州政府制定有关流通政策。

2.流通渠道的特点

从流通渠道来看，美国、日本这些经济发达国家流通渠道的共同特点是采用现代流通方式和新型流通业态，批发市场等流通载体现代化程度较高，流通渠道各环节联系紧密，物流高度发展，流通渠道日益缩短。

在现代流通方式和新型流通业态方面，连锁经营是农产品、农业生产资料和农村日用消费品流通零售的主要形式和批发的重要形式，主渠道作用日益突出。连锁经营分为直营连锁、特许经营连锁和自由连锁等，在管理模式、商品配送、形象宣传等方面实行统一管理、统一运行，近 30 多年来在美国、日本等获得了快速发展。日本批发业的连锁化程度比较高，早在上个世纪末连锁店铺比例就超过了 1/3，综合批发商业的连锁店铺比例更是高达 1/2 强。在美国，农产品销售主要以直销为主，期货交易、拍卖交易应用广泛。美国果蔬等农产品与连锁超市等之间的直销比例达到 4/5，经批发环节中转销售的不足 1/5[②]。

在批发市场现代化程度方面，美、日等经济发达国家的批发市场的配套设施都比较完善，冷藏设施、分类包装、信息服务、物流配送乃至精深加工等功能都比较齐全。信息服务是批发市场的重要功能。批发市场不仅负责向农产品、农业生产资料和农村日用消费品各市场主体提供供需状况、价格变化等信息服务，而且负责产品的质量信息、消费者和零售商的反馈信息向批发商、生

---

① 郭冬乐：内外贸一体化：国外流通组织形式的实证分析与启示，《广东商学院学报》，2004 年第 5 期，第 14 页。

② 邹雪丁、王转：基于国际经验的农产品流通模式研究，《物流技术》，2009 年第 28 卷第 1 期，第 21 页。

产商的反馈。

在流通渠道各环节联系上，不同的农村流通主体通过有效的渠道整合使得各环节之间的联系更加紧密，形成了各式各样日益紧密的利益共同体。这一方面表现在同类主体间合作或整合。另一方面突出表现在不同的主体以市场需求为起点，按照现代流通规律，利用现代信息技术和一定的管理机制，由生产商、经销商、运输商等上、下游企业共同组成市场供给方的部分或者完整的供应链。这种供应链在美、日等经济发达国家，有松散型的，也有紧凑型的，后一种优势越来越明显。比如，在美国的蔬菜流通中，一般都是农场主与产地批发商或者和大型超市签约，形成松散型的蔬菜流通供应链。产地批发商或者和大型超市提供供求信息和具体需求，农场主重点负责订单生产。对于一次签约而言，生产商和产地批发商或者和大型超市的利益联系在了一起。紧凑型的供应链在发达国家的农村流通体系运行中，也有明显的表现。一些大型零售终端通过建设批发市场、运营现代物流企业，将批发、零售、运输等环节紧密结合起来，实行统一管理、运营，极大地降低了流通成本，提高了流通中话语权。在日本，综合商社主要通过三种方式来整合流通渠道，一是控制批发环节，把与企业业务密切的农产品批发、农业生产资料批发或者日用消费品批发企业整合到商社里，形成某个领域纵向性的流通体系；二是整合物流企业，建立从产地到零售终端的物流网络，形成以物流为主线的流通体系；三是整合零售领域，形成布局合理的连锁零售网络，控制农村流通销售终端。

物流配送系统和服务体系完善，是美、日等经济发达国家农村流通渠道的又一重要特征。美、日等经济发达国家物流配送系统都比较发达，并在农村流通体系中扮演着十分重要的角色。美国农产品78%以上都是从产地通过物流配送系统直接到零售商的①。物流配送系统的高度发展，尤其是第三方物流的迅速发展，不仅让农产品、农业生产资料和日用消费品的物流成本大大降低，而且提供了一系列附加的增值服务，使得农产品流通环节少、成本低、效率高，成为农村流通的巨大收益来源，为农产品实现货畅其流创造了良好的条件。

---

① 周发明：中外农产品流通渠道的比较研究，《经济社会体制比较》(双月刊),2006年第5期,第117页。

现代流通方式和新型流通业态的采用、批发市场现代化程度的提高、流通渠道各环节利益关联的日益紧密、物流的高度发展，使得美、日等国农村流通渠道日益缩短，这是经济发达国家农村流通体系的一个显著特征。

3.流通政策的特点

在美、日等流通业发达的国家，农产品流通政策是整个农业政策的关键部分，在约束农产品流通主体竞争关系和竞争状态、促进市场均衡价格顺利形成方面，具有重要作用。

美、日等经济发达国家较为注重对生产者利益的保护。美、日都赋予农民作为市场主体的充分自主权，并对其利益进行了有倾向性的保护。在美国，相关领域的协会不仅在组织农产品、农业生产资料和日用消费品流通方面，具有独特作用；而且被给予了政策建议权，代表着相应领域流通利益群体与政府进行博弈。日本成立全国性农协组织，代表全体会员利益，负责农产品流通、农民利益保护。

对流通载体进行支持，是美、日等流通发达的国家农村流通政策的又一特点。美国批发市场基本是都属于公司制，批发市场作为市场主体本身既能享有收益又要承担风险。但美国通过制定法律法规并派出专门人员对批发市场进行管理，并对配套设施改造升级给予支持。日本设立中央批发市场、地方批发市场，市场运营和管理具有相当强的公益性。并通过不断修订《批发市场法》，既保证批发市场权益又限制垄断行为，对批发行为、批发服务等做出法律性规定。

对中小流通企业现代化进行支持。美国很多州和地区都出台了对中小流通企业的扶持政策，支持这些企业发展连锁经营、提高店面信息化水平。有的州还从流通企业税收中提取一定比例，用于流通企业的技术改造。

高度重视农村流通客体的质量。日本从生产者开始就建立了较高水平的质量追溯体系，出售的农产品不仅有产品本身的基本信息，而且有生产者及生产流程信息。批发市场都具有严格的分类评级功能。美国很早就建立了追踪和基于质量安全的高技术回溯系统。同时，美国、日本等流通业比较发达的国家，都建立了比较完善的个人信用系统。美国覆盖全国的信用报告机构，专门从事信用资料的收集、整理，并提供给银行等机构。信用系统的完善和流通质量监测系统的完善，有力地保障了农村流通市场的有序性。

（二）美日流通体系与我国农村流通体系的案例比较

就我国农村流通体系而言，从农产品到消费者是农产品卖出的过程，从工业品到消费者是工业品买入的过程。下面我们借鉴 SCP 理论主要从流通主体、流通渠道（主体利益博弈的组织化过程）、运行绩效等层面对发达国家和我国现阶段的农村流通的主要区别进行阐述。

1.流通主体的比较

与美国、日本等流通发达的国家相比，在我国，无论是农产品的"进城"还是工业品的"下乡"过程中的流通主体都具有规模小、组织化程度低等特点。

从美国乃至欧盟很多国家和地区的流通实践看，这些国家或地区农村流通主体普遍规模较大。主体规模大一方面与特定国家、历史环境有关。美国地广人稀，普遍实行农场制，单个农户本身的主体规模就很大；另一方面主体规模大，还与主体的组织化程度有关。组织化是发达国家流通主体的显著特征，主要表现在主体横向组织化程度高和主体纵向组织化程度高。组织化是具有相同行为某一类或某些主体按照一定约定严密组织起来，实现风险共担、利益共享的过程。组织化一方面有利于流通主体实现规模化，发挥规模经济效率；另一方面有利于提高主体间利益博弈的话语权，实现更高的利益均衡。

当前，包括美国、日本、欧盟等很多国家和地区在内，在长期的工业化进程中，主要从事商贸流通的中间商、批发企业、零售企业，通过兼并重组，规模不断变大。随着这些国家或地区城乡融合程度的提高，这些大型流通主体把触角伸到农村，在广大农村布局、完善各种形式的农村流通网络，实现了城乡流通的一体化。就农产品流通而言，日本农村流通主体在某种程度上与我国农村流通主体，即生产者都是拥有少量土地、小规模的农户，但日本农户的组织化程度非常高，全国性的农协及各种各样维护农户利益的组织，将小农户组织起来，实现了与大市场的顺利对接。

与这些流通业发达的国家相比，我国农村流通主体规模偏小。从农产品"进城"的过程看，农户作为生产者既是农产品供应的基本单元，也是最主要的单元，经营规模狭小。2009 年，农户耕地人均面积为 2.18 亩，出售粮食仅为 482.93 公斤①。农产品由产地到产地批发市场有两条途径，主体为农户自身和小收购商，除了粮食外，其他农产品收购的大型企业几乎没有。粮食流通改革后，很多县及县以下的地方粮库由于承包改制、经营机制僵化等原因，在粮食流通特别是收购中的主渠道地位不断弱化。农户更愿意把粮食卖给上门服务的小收购商。批发市场、综合市场和批发商作为流通主体，一个突出特点是散、乱、差，数量众多，自身组织结构松散，平均交易规模小，档次不高，功能不完善，相当多的批发市场的盈利模式还只限于出租铺面，信息收集整理、分类检测、物流配送等功能欠缺。2009 年，我国亿元以上农产品综合市场仅有 657 个②。农产品零售终端目前主要是分布于城市内的集贸市场、个体商贩和临时性早市。集贸市场、个体商贩和临时性早市这些零售终端，散、乱、差更为严重，主体的市场资格多不健全，无证经营是常态。连锁经营和综合超市流通规模较小，进货渠道差别较大，种类多限于服务居民个人的米、面、油等流通。

从工业品"下乡"的过程看，从生产者到批发商再到零售商一直到消费者，几乎所有的主体规模都比较小。众所周知，我国在多数日用消费品生产方面，虽然在量上位居世界前列，但少有为广大消费者认可的品牌和大型企业。城乡收入、消费水平的差距，使得生产者的边界无限扩展，大到跨国公司，小的家庭作坊或者个人，其生产的消费品都可能在农村流通、无差别对待。各级批发环节，数量虽不少，但单个批发商或批发市场规模非常小，同质化严重。农村零售市场的主体主要是个体商贩、小卖部，他们是数量最庞大的零售群体，进货渠道混乱、无序，店铺面积一般在 10–30 平方米之间。

与这些流通发达的国家相比，我国农村流通主体组织化程度低。从农产品流通的过程看，我国农民合作经济组织发展缓慢，体制机制都不成熟，尽管出台了相关法律法规，但实际效果还没显现，组织化的农户并没有成为农产品流通中的重要主体。契约生产、订单生产，经常会出现"价高不卖，价低不收"的违约现象。批发、零售等主体缺少合作关系，多是临时性的交易。从工业消费品流通的过程来看，同样，从生产、批发、代理到零售的各个主体，利益联

---

① 数据来源：《中国统计年鉴（2009）》，中国统计出版社，2010 年版。
② 数据来源：《中国统计年鉴（2009）》，中国统计出版社，2010 年版。

接松散，企业关联度低，各自为战。

2.流通渠道的比较

流通渠道作为流通体系运行过程中流通客体在其形态变换中从生产者到消费者所经过的全部环节的组织序列，主要关系到三个角度的问题，一个是用什么来流通，即流通载体的问题；一个是流通的长短，即流通环节的问题；一个是怎样流通，即流通方式和经营业态的问题。

从美、日等流通发达的国家来看，这些国家的流通载体也就批发市场、零售市场一般都有以下某一个特性。一是公益性。既这些载体主要由政府或者代表相当一部分利益群体的组织投资、建设、管理；或者这些载体的提升改造主要由政府或代表相当一部分利益群体的组织来投资、建设、管理。比如，日本中央批发市场就主要由政府投资建设。二是公益性和竞争性兼顾。一方面，载体主要由企业投资建设，并全部承担市场风险，其生存主要依赖于市场之间的优胜劣汰；另一方面，政府在市场准入、运行和监督等方面制定了严格的程序和规则，使这些流通载体在运行中发挥质量监督、价格稳定等公益作用。

我国的批发市场投资主体比较复杂，有政府投资建设的，有集体投资建设的，也有官商合办的。但无论哪种方式建立的，这些载体的公益性和市场竞争性都不足。这是因为这些载体是以盈利为目的，但从市场准入、运行、退出都是政府行为；具有很强的地域垄断性，其他流通主体"被"进入现象明显，无论流通效率如何，这些载体都有固定收益。从农产品流通的角度看，农户、商贩出售农产品由于环境、城管等原因，通常不允许自行摆摊设点，必须到指定的市场去交易。而进入这个市场不仅要交纳数额巨大的"入场费"，而且要付出相当可观的手续、贿赂等交易费用。流通载体由于垄断性和相对于其他群体的有组织性，而几乎没有任何市场风险。

从流通环节来看，美国等流通业发达国家，流通环节较少，生产者与终端消费直接对接比较普遍。在工业品流通方面，由于供应链、纵向一体化和大型企业的兼并重组，使得许多工业品流通的环节有组织地结合在了一起。在农产品流通方面，美国农产品的绝大多数都是直接从产地到零售终端，环节少，速度快。日本由于比较依赖进口，农产品流通大多要经过多级批发，环节较多，但这些年来，这种现象正在逐步改变，产销对接日益增多。

我国农村流通体系的流通渠道环节较多，一个完整的农产品流通过程，包括农户、产地批发商、运输商、销地批发商、零售商、消费者等6个流通主体①，我们称之显性流通主体；同时还包括与产地批发商、销地批发商、零售商相对应的3个市场载体。这些载体同时也是流通主体，因这些主体隐藏在整个流通运行的背后，我们称其为隐性流通主体（发达国家的市场一般是由政府或者流通企业建立，公益性或者市场性比较明确）。这些复杂的主体形成了曲折的流通链条。同样，在一个完整的工业品流通过程里，经过的环节也非常多。日本流通的环节也比较多，但其流通环节的增值作用明显。中国农村流通的渠道中，很多环节仅仅是提供了一个交易场所的功能，没有较高的附加价值，环节多并没有让商品最终的使用价值得到提升，价格和价值关系扭曲。

从流通方式和经营业态看，美、日等流通发达国家在流通中间环节主要采取拍卖、期货等现代流通方式；在零售终端主要实行连锁经营、电子商务和大型仓储式销售等经营业态。在日本大阪中央批发市场，通过拍卖成交的果蔬占总成交额的比重超过90%②。

我国农产品、农业生产资料、农村日用工业消费品的中间流通方式主要表现为现货交易，特点是人货相随、现场买卖、现场交易。而通过期货交易、拍卖交易和网上交易等现代流通方式还非常少。在零售环节，经营业态主要是传统的作坊式、集镇式，连锁经营和现代物流配送主要集中城市，县及县以下特别是中西部县及县以下较为少见。

3.流通效率的比较

流通效率的高低主要看各个流通主体利益是否都公平地得到保障，最终同等商品价格是否与价值接近。从美、日等流通业发达的国家看，在包括农村流通的整个流通体系运行过程中，这些国家都高度重视对不同流通主体基本利益和公平权利的保护，通过提高主体的组织化程度、市场管制等措施，让不同流通主体都能尽可能地实现自身利益。尤其是对生产者，发达国家往往给予特殊"关照"。美国、日本相关农场主协会、农业协会在立法、选举方面都具有特殊地位，这对于维护这个群体在流通中的利益，具有很强的正向作用。

---

① 考虑到研究的需要,这里把批发环节仅分为两次批发,而实际上的批发环节常常比较复杂。以下生产资料和消费品研究同上。

② 孟菲、傅贤治：美日农产品流通渠道模式比较及对中国的借鉴,《中国农村经济》2007年专刊,第141页。

　　我国农村流通体系运行中，由于流通主体的规模及政策等原因，地位是不一样的。农户、消费者和终端中小零售群体，是明显的市场风险承担者。农户在农产品交易、农业生产资料购买中没有议价权；而各级市场、各级购货商相对于农民具有明显的优势，风险很小。对于大多数市场载体这个隐性主体而言，在商品交易中甚至是几乎没有任何风险的。在农村日用消费品购买中，由于信息不对称严重，也使得农户作为消费者处于劣势地位。正是由于这种不公平和利益的失衡，使得农户与其他流通主体之间的交易经常是一次性的，交易完成也就意味着双方权利义务的终结，因此他们并不努力构建一种长期的流通交易关系，所形成的流通属于效率较低的低度利益均衡。

　　从价格与价值关系的角度看，正是由于很多流通环节无需付出任何努力，也无需改善流通服务，就能获得一定利益。所以这些流通环节，对于改善流通效率、降低流通成本没有动力。对于城市消费者来说，这种状况必然会使得农产品零售价格与实际价值、产地价格严重偏离，居高不下。对于农村消费者来说，低水平的流通不仅表现在价格的无法控制上，更表现在商品基本使用价值的不确定性，假冒伪劣商品充斥市场。

第三节　从构成要素看美日农村流通体系建设的启示:案例研究的结论

纵观世界范围内农村流通体系的发展完善历程，核心问题主要是农产品的"进城"（卖出）和工业品的"下乡"（买入）。尽管很多经济发达国家由于城乡发展水平高度趋同和较高城市化率，使得工业品"下乡"问题已经得到有效解决，但其主要做法和经验，尤其是在农产品流通方面的主要做法和经验，值得我们研究、反思、借鉴。

（一）提高流通主体规模化组织化程度

美、日等流通发展国家的经验表明，具有一定规模、组织化程度的流通主体，不仅能有效地实现规模效率，降低流通成本；而且能有效增强其在流通中的谈判能力，建立高度的权力均衡，形成长期稳固的利益关系。

对于我国农村流通来说，提高流通主体规模化组织化程度，首先要努力提高农户这一具有生产者、消费者和流通参与者多重身份的主体的规模化、组织化程度。从发达国家的做法看，途径主要有三个：一是实现单个农户生产、流通规模的扩大。具体可以通过土地经营的有序流转、专业化等方式来实现。二是实现多个农户的联合。农业协会、相关流通组织是发达国家采取的主要方式。日本农协完全代表农户利益，具有集货、分级、加工包装、委托拍卖等功能。为了更好维护农户利益，日本农协还在各大批发市场里设有办事处，以便准确收集、整理市场信息并反馈给农户。三是通过与流通企业合作。通过将农户利益与流通企业利益绑定在一起，实现组织化程度的提高。

其次，要提高中间流通主体的规模化、组织化程度。中间流通主体包括批发商、零售商、代理商和小商小贩等组织形式。从美、日等流通业发达的国家看，提高这些主体规模化、组织化程度的途程也主要有三个：一个是自身规模的壮大，除了自身积累实现发展外，还可以通过兼并重组、连锁经营等方式来实现。连锁经营在实现流通主体结构网络化方面有较大优势，有助于主体实现低成本扩张，提高组织化、集约化和管理科学化、标准化程度。另一个是联盟的方式，实现人、财、物等资源的共用和利益的共享。此外，还可通过完善流通环境，吸引有实力的企业或组织进入这一领域。

（二）推动流通渠道的整合和优化

美、日等流通发展国家的经验表明，流通渠道的整合和优化，有多条途径。一个途径是通过提高渠道主体利益关联度来实现渠道的优化，突出表现在供应链管理上。供应链是将上游的农产品生产与下游的批发或零售、上游的工业消费品生产与下游的批发或零售，利用现代信息技术，通过一定的供应协议，改造和集成业务流程，在农产品供应、经销之间或者在工业品供应、销售之间建立以供应链为纽带的组合。在供应链管理下，单个流通主体利益的博弈将通过不同供应链群体间利益博弈的方式表现出来，在流通中获得利益的大小不在取决于单个主体的规模和流通能力，而是主要取决于不同供应链之间的效率和水平。

流通渠道的整合和优化的另一个途径是通过纵向一体化的方式来实现渠道的优化。主要表现在一些大型企业或跨国公司，通过重组、收购、连锁等方式，控制一定范围内的农产品生产、批发到零售的流通环节，或者控制一定范围内农村工业品流通从生产到零售上下游各个环节。这些大型企业既可能是生产企业，也可能是批发商，还可能是零售商。纵向一体化将很多流通中的外部费用内部化，能明显改善流通运行的效率，缩短流通的渠道。

流通渠道的整合和优化还可以通过流通方式和经营业态的创新来实现渠道的优化。美国农产品流通的绝大比例都是通过农场主与零售终端直接对接实现的。日本近年来，农副产品"直卖店"也发展迅速。"直卖店"也是一种农户和零售直接对接的形式。这种不经过中间批发环节的直接流通方式，省去了很多中间环节，加快了资本和资源的集中过程，一方面使得参与流通的主体数量变少，利益分配的对象减少，生产者和零售商能获得比间接流通更多的利益；

另一方面流通环节减少，对于农产品这种较脆弱的商品，具有更重要的意义，使得农产品质量有了程序上的保证。在经营业态上，连锁经营、网上销售等，都能整合、优化一些流通环节，并能降低流通成本，保障流通质量。

我国现阶段农村流通体系中，虽然"万村千乡市场工程"在整合和优化流通渠道中发挥了很大作用，也出现了一些如苏果等连锁企业，"农超对接"也在起步中，但流通渠道较长，流通效率较低，缺乏具有整合力的大型企业，流通方式和经营业态落后，等等，是不争的事实。整合和优化我国农村商品流通渠道，应该借鉴这些发达国家经验，在主体间着力建立更加紧密的利益关系，发展"公司＋农户"、"农超对接"式的农产品流通渠道，鼓励产供销一体化，建立健全现代流通方式，发展拍卖交易、仓单交易、期货交易等交易方式。

（三）增强流通载体的服务能力和水平

流通载体是流通客体流转、存储、交易的重要场所和增值的重要环节，是流通渠道顺畅的重要要求。美、日等流通发达国家的经验表明，建立现代化的流通载体，完善流通载体的冷藏、分类包装、信息服务、物流配送乃至精深加工等功能，对于降低流通费用，增加流通收益，具有重要作用。

我国农产品流通有着典型的小生产、大市场的特点，即从生产、流通到终端销售，均表现出生产性主体众多、规模小、组织化程度低等特征。在这种情况下，批发市场作为中间环节能起到连接小生产、大市场的更大作用。但我国大多数批发市场设施落后，基本只发挥着交易场所的功能，很少有附加增值功能。这是我国农产品、农业生产资料和农村日用消费品流通不畅、质量不高、秩序混乱的一个重要原因。借鉴发达国家经验，建立健全农村流通体系，应切实增强批发市场这一流通载体的服务能力和水平，使其在发挥交易场所基本功能的同时，提高全面服务能力，创造更多价值。可按照现代企业制度建设的要求，来进行市场的投资建设、管理，使市场真正成为自主经营、自负盈亏，承担市场风险的流通主体。应建立完善批发市场的价格生成、信息传递、标准化建设等功能，不断完善配套服务。可以考虑建议以现代批发市场为中心，整合上下游流通渠道的现代农村流通体系。

信息服务功能是发达国家流通载体具有的一项重要功能。越是流通比较发达国家获地区，人均信息和通信技术投入、支出越高。下表5.3.1反映了我国和发达国家在信息和通信支出方面的差距。我国流通载体在这方面投入很少，支出也远少于流通业发达国家。流通载体应加大这方面投入和应用力度。

我国农村商品零售终端目前相当多还是传统的"集贸市场"，这种市场兼顾农产品、农业生产资料和农村日用消费品零售多种流通，基本上属于露天或简单棚式建筑，没有农产品必需的冷藏系统，工业品质量参差不齐，进货渠道千差万别。借鉴发达国家经验，建立健全农村流通体系，应切实增强集贸市场这一流通载体的服务能力和水平，使其发挥零售集聚的功能，形成规范、高效的现代农村商品流通中心。

表 5.3.1 部分国家人均信息和通信技术支出

国家和地区	2000	2002	2003	2004	2005	2006
中国	35.13	48.72	58.52	75.34	90.17	108.49
日本	3160.49	2338.80	2522.31	2752.81	2677.96	2691.90
美国	3302.93	3093.69	3211.62	3458.32	3689.56	3851.50
法国	1440.93	1530.66	1871.04	2143.63	2213.50	2331.99

资料来源:国际统计年鉴 2008

（四）建立现代商品流通物流配送系统

物流配送技术和管理的应用与创新，是现代流通体系完善程度的一个重要标志。美、日等流通业发达国家的实践表明，建立完善的现代商品流通物流配送系统对于提高农村商品流通质量和效率，具有重要意义。特别对于具有易腐性、存储要求高的农产品来说，建立低成本、高效率的农产品流通服务体系和物流配送系统，至关重要。

在美国，现代物流配送中心在大型商贸企业连锁经营、农场主农产品直销中发挥着重要的枢纽作用，它是沃尔玛等零售巨头的核心竞争力所在。"生产地——配送中心——超市与连锁店——消费者"是美国农产品流通的主渠道。特别是第三方物流发展迅速，不仅为其他流通主体提供仓储、运输等功能性服务，而且还为这些主体提供咨询、信息和管理服务等全方位的方面。在日本，物流配送系统是批发市场、农协等主体降低流通成本、提高流通收益的重要来源，是三菱商事、三井物业、住友商事等大型商社控制上下游流通环节，提高流通效率的核心举措。

对我国农村流通来说，物流服务还主要限于运输、快递等原始功能，农产品或工业品物流路径包括从生产、批发、仓储到销售等多个环节，现代配送服务在城市刚刚起步，在中西部广大农村还非常少见。建立完善农村商品流通物流配送系统，有助于把传统的物流途径简化为"生产——配送中心——零售"。完善农村商品流通物流配送系统，应注意突破简单存储、流通功能，向综合物流方向迈进，针对客户需要，提供更多增加附加值的服务，建立全面服务的第三方现代物流体系。

当然，美、日等国家与我国的国情不同，农村和农村流通体系运行的环境也不尽相同，由此导致一些农村流通制度和设计并不一定符合我国实际。但这些国家同样也都经历过城乡逐渐融合的过程，农产品流通一样具有农产品这一流通客体的独特性，也都反映着商品流通的基本规律。从这个角度讲，我们应认真研究这些发达国家一些成功的做法和经验，并结合我国农村流通体系建设实际，按照城乡一体化的大趋势，选择借鉴适合我国特点的好举措、好办法，提前设计、优先布局，以更好地促进农村经济社会又好又快发展，推动城乡一体化进程不断加快。

第六章

农村流通体系评价指标与效率影响因素实证

　　什么样的农村流通体系是适应当前农村发展需要的流通体系，是这些年来理论界致力研究的一个焦点问题。本章主要基于对流通效率测度的指标体系选择与设计，分别对农产品流通和工业品（包括农业生产资料和农村日用消费品）流通的演进趋势和影响因素进行分析，为如何进一步建立健全农村流通体系提供实证支撑，寻求提高农村流通体系运行效率的途径。

第一节　农村流通体系评价指标的选择

评价指标体系的选择和设计，主要有三个可交叉的角度，一个是可操作性，即指标体系的设计和选择符合现行的统计指标，便于数据收集、整理和分析；一个是全面性，即指标体系的设计和选择能全面地反映评价对象的各方面情况，但因统计口径等各方面原因，可能在数据收集、整理和分析上存在一定难度；还有一个是偏向性，即指标体系的设计根据评价对象的偏向性和实际需要，更侧重对某个方面的评价，以突显评价指标的实际意义。

从农村流通体系本身来看，不同的城乡发展水平、农村流通基础设施建设薄弱、流通主体规模偏小等诸多因素，都会对农村流通体系的健康运行产生影响，造成农产品"进城"、农业生产资料采购、工业消费品"下乡"以及市场开拓、交易谈判等成本大大增加。为了全面反映农村流通体系的状况，这里在指标选择和设计上，兼顾可操作性、全面性和偏向性三个原则。可操作性主要是尽量采用一些数据容易整理、处理的指标；全面性主要是考虑到一些指标虽然目前还难以统计，但非常重要，并可通过个案调研、行业统计等非官方渠道获得；偏向性主要考虑农村流通体系对于推动城乡一体化进程、促进农民增收具有重要意义，对于提高农民这个弱势流通主体更加迫切，因此在指标设计和选择上尽量偏向农村、农民以及城乡一体化这个背景因素。

参照福井清一（1995）、宋则（2003）、孙剑（2011）等人的指标设计，农村流通体系可通过结构评价指标、行为评价指标和绩效评价指标三个层面来衡量。按照 S–C–P 分析框架，结构在一个组织体系中起着决定性的作用。在农村流通体系评价指标里，结构主要表现为流通主体的规模、渠道的结构和一些流通基础性条件。行为指标主要指的是在一定结构下流通方式和经营方式的不同，反映在数据上主要资产周转率、库存等的差异。绩效指标主要表现为投入产出率。

（一）结构评价指标

结构指标主要考量主体规模化程度、渠道的结构状况和流通条件的状况。流通主体规模的大小，对农村流通体系具有重要意义。一般来说，流通主体规模越大，流通成本越低，流通效率也相对较高。流通主体规模的大小，主要体现在生产者这个主体规模的大小上。生产者规模大，使得生产者能够直接与零售商直接对接、批发环节减少。因此，在衡量主体规模上，可以用批零系数这个指标来衡量。批零系数是指同一时期批发销售额与零售销售额的比值。通常情况下，当城乡一体化达到一定的高度，批零系数会呈下降趋势；而到城市发展到成熟阶段，社会经济基本达到稳定的状态，批零系数也逐渐达到一个相对稳定的状态。批零系数变化不仅在一定程度上反映了主体规模变化，而且也反映了生产企业产品流通渠道长短的变化。

渠道结构状况主要体现在渠道的长短、宽窄。渠道过长、过窄，显然不利于流通成本的降低。因农产品流通和农业生产资料以及工业消费品流通的种类多、方式复杂，因此这个指标目前还没有明确的直接的数据来源。但渠道长短可以分类通过产销直接对接占整个农村流通的比重来替代；渠道宽窄可以通过限额以上批零市场经营种类来衡量。

流通基础条件作为农村流通体系正常运行的基本性物质技术条件，直接关系到农村流通效率的高低。流通条件状况主要有三个指标，一个是基础设施质量，在数据上用建制村通畅率来表示；一个是农村信息化水平，在数据上用农村电话普及率和互联网覆盖率按照一定权重加成表示；还有一个是农村流通从业人员水平，可以用农村劳动人口平均受教育年限来衡量。

（二）行为评价指标

农村流通体系的行为评价指标主要指的是农村流通主体在农村流通中的行为表现及与此密切相关的库存、盈利方式等指标。不同的行为经常会导致不同的流通效果。这里我们主要选用了交易方式、交易速度和盈利模式等指标。

交易方式主要是指通过什么方式来交易。从市场交易的性质来说，我国农村流通中发生的交易行为主要是建立在关系经济基础上的，由此使得农村流通中交易方式主要是对手交易，这与美、日等发达国家建立在契约经济基础上的交易行为相比具有很大不同，由此带来的流通效率不同。交易方式指标可以分类别用农产品或工业品通过拍卖、网上等现代方式交易的总额／商品流通总额来表示。

交易速度是指单位农产品、农业生产资料或者农村日用消费品在一定时期内的平均周转次数。交易速度快，意味着单位固定资产、流动资产利用率高，从长期来看，流通成本会降低。交易速度指标可以用批零业资产周转率、批零业流动资产周转率、批零业库存率等具体指标来衡量。批零业资产周转率等于限额以上批零企业主营业收入／平均总资产；批零业流动资产周转率等于限额以上批零企业主营业收入／平均流动资产；批零业库存率等于限额以上批零企业库存总额／销售总额。

载体盈利模式是基于我国农村流通的特殊性设计的一个指标。我国农村流通存在不同类别流通主体分散，批发零售等载体在对接生产和销售中发挥着重要作用。但多数市场载体仅仅通过店铺租赁来获取利润，而在包装分类、信息服务等增值服务少有作为。显然，增值服务比店铺租赁模式更有利于提高流通效率。在统计上，载体盈利模式可以用"店铺租赁为主要盈利来源"和"增值服务为主要盈利来源"的市场载体个数来表示，一般需要通过问卷调查等方式获得。

（三）绩效评价指标

绩效主要是指农村流通本身利润率和对社会经济发展的贡献率大小。流通本身获得利润的大小，在数值上等于一定销售下生产者、批发零售商利润之和减去外部交易成本，在很大程度上表明着流通体系的健全程度。在一定生产力水平下，健全的流通体系，必然能带来相对较高的流通利润水平。流通本身的利润率主要看投入产出比和单位费用大小。考虑到可操作性的原因，可以用利润率、购销率以及单位营业面积销售额等指标来衡量。利润率等于相关限额以上批零企业主营业务利润／主营业务收入；购销率等于购入额／销售额；单位营业面积销售额等于市场销售额／营业面积。

从对经济社会发展贡献大小的角度看，农村流通体系还可以用社会贡献率来评价。在统计上可以具体用对消费的贡献率和对农民收入的贡献率来表示。对消费的贡献率可以用县及县以下社会消费品零售额 / 全社会消费品零售额来表示；对农民收入贡献率可以用农户流通受益 / 农户家庭总收入来表示。考虑到农产品、农业生产资料和农村日用消费品质量控制较难等原因，农村流通体系评价指标还应该把质量安全效率作为一个指标，质量越好，损耗就越少，流通效率自然也就越高。质量安全效率包括质量抽检率和质量合格率两个指标，质量抽检率指的是从生产到零售各环节的产品抽检率；质量合格率指的是从生产到零售各环节的产品质量合格率。

第二节　农产品流通效率演进与影响因子分析[①]

流通效率是流通体系完善程度的重要衡量指标。本节通过因子分析方法，对农产品流通效率的演进和相关影响因素进行分析、讨论，以揭示农村流通体系的发展变化趋势和完善的具体路径。

（一）方法选择与因子分析模型的设定

因子分析法是将多个实测变量简化为较少变量的多元统计分析方法。在实证研究中，多变量、大样本在提供丰富信息的同时，也增加了数据整理和分析难度。同时，多个变量在实证时会出现共线性，会使得分析变得非常繁杂。为此，可以在全面考虑不同变量之间相关性基础上，用若干个不关联的综合变量来反映各变量所蕴含的各种信息。因子分析方法就是通过抽取出这些信息不重叠的综合变量，以实现减少变量而又不损失太多信息的目的。

假设有 n 个样本，每个样本有 p 个观测量，分别用 X_1、X_2、$X_3 \cdots X_p$ 表示，如果存在 m 个变量 F_1、F_2、$F_3 \cdots F_m$（$m < p$），满足如下假设：

（1）$X = (X_1, X_2, X_3, \cdots, X_p)^T$ 为 p 维可测变量（均值向量 $E(X)=0$），令协方差矩阵 $cov(X)=\Sigma$，且与 R（相关系数矩阵）相等。

（2）令 $F = (F_1, F_2, F_3, \cdots, F_m)^T$ 是 m 维不可测变量，变量均值向量 $E(F)=0$，协方差矩阵 $cov(F)=I$，即 $cov(F)$ 为单位阵，向 F 量中的各分量之间是相互独立的。

（3）$\varepsilon = (\varepsilon_1, \varepsilon_2, \varepsilon_3, \cdots, \varepsilon_p)^T$ 与 F 是相互独立的，且 $E(\varepsilon)=0$，协方差矩阵

[①] 考虑到现阶段农村流通体系的状况和指标体系相关数据的难获得性，这里把农村流通体系运行效率的实证分为农产品和工业品两部分分别进行。其中,工业品包括农业生产资料和农村日用消费品。

满足对角阵要求，这时 $cov(\varepsilon)=\Sigma\varepsilon$，即 ε 各个分量之间是相互独立的，则该因子模型可如下来表示：

$$X_1 = a_{11}F_1 + a_{12}F_2 + a_{13}F_3 + ... + a_{1m}F_m + \varepsilon_1$$

$$X_2 = a_{21}F_1 + a_{22}F_2 + a_{23}F_3 + ... + a_{2m}F_m + \varepsilon_2$$

$$...$$

$$X_p = a_{p1}F_1 + a_{p2}F_2 + a_{p3}F_3 + ... + a_{pm}F_m + \varepsilon_p$$

其中，$F_1, F_2, F_3 \cdots, F_m$ 是公共因子，为不可测变量，相互独立；$\varepsilon_1, \varepsilon_2, \varepsilon_3 \cdots, \varepsilon_p$ 是特殊因子，是 X_i ($i=1$，2，$3\cdots$，p) 独有的因子。此时满足两个条件：一个是每个特殊因子与公因子之间都彼此独立。一个是因子载荷矩阵 $A = (a_{ij})$，的元素 a_{ij}，即因子载荷绝对值为 $|a_{ij}| \leq 1$ 其值越大，表明 X_i 与 F_j 之间的相依度越大，或称 F_j 对 X_i 的载荷量越大。

（二）农产品流通效率指标选择与数据说明

基于以上对农村流通体系评价指标的设计和选择，我们分别从规模指标、行为指标和效益指标三个层面对农产品流通效率的进行实证分析，参见表6.2.1。

表 6.2.1 我国农产品流通效率评价指标体系

一级指标	二级指标	指标说明	变量
结构评价指标	农产品批零系数	限额以上农产品批发业销售额/限额以上农产品零售业销售额	X_1
	农产品批零业集中度	限额以上农产品批零业销售额/限额以上批零企业销售额	X_2
	农村信息化水平	乡村电话普及率和乡镇互联网覆盖率	X_3
行为评价指标	农产品批零业资产周转率	限额以上农产品批零企业主营业收入/平均总资产	X_4
	农产品批零业流动资产周转率	限额以上农产品批零企业主营业收入/平均流动资产	X_5
	农产品批零业库存率	限额以上农产品批零企业库存总额/销售总额	X_6
效益评价指标	农产品批零利润率	限额以上农产品批零企业主营业务利润/主营业务收入	X_7
	农产品批零购效率	限额以上农产品批零企业购入额/销售额	X_8
	单位营业面积销售额	亿元以上专业农产品交易市场销售额/营业面积	X_9

在数据选择上，考虑到现行国家统计标准，我们把农产品限定为食品、饮料和烟草制品。选取 1998 年到 2009 年农产品流通相关数据，数据数值大都根据中国统计年鉴计算所得。其中，农村信息化水平主要根据工信部和中国统计年鉴数据，按照乡镇互联网覆盖率 0.6 和乡村电话普及率 0.4 的权数进行加权平均所得。虽然考虑到乡村电话普及率、乡镇互联网覆盖率和户均普及率、覆盖率差别较大，实际农村信息化水平远低于这一数值，但因整体趋势变化基本一致，故仍采用了这一计算方法。2004 年因为统计口径变化的原因，对限额以上农产品批发业销售额等采取邻近均值原则填补。

我们运用 SPSS17.0 软件对数据进行计算、整理得出各相关变量值，具体见表 6.2.2。

表 6.2.2 农产品流通效率测度指标数据

X_1	X_2	X_3	X_4	X_5	X_6	X_7	X_8	X_9
8.774830	0.236694	0.200100	1.370006	1.854508	0.131951	0.054382	0.774617	3.244251
9.744493	0.229531	0.281000	1.380268	1.912891	0.154954	0.053459	0.875503	3.129250
9.586360	0.220127	0.361600	1.408423	1.975423	0.141074	0.059360	0.874387	3.018326
13.812075	0.190730	0.377200	1.372601	1.927879	0.148590	0.064177	0.884558	2.745719
33.741666	0.158384	0.393600	1.463131	1.560223	0.139990	0.072518	0.876607	3.201278
40.358480	0.159895	0.449000	1.642916	1.722750	0.083025	0.093183	0.889704	2.746860
45.516286	0.165652	0.484000	2.102237	3.048752	0.079492	0.122752	0.864204	1.864326
50.322511	0.168043	0.568000	2.226606	3.212573	0.076839	0.143828	0.845037	2.280850
39.347502	0.163978	0.665000	2.155657	3.125639	0.072336	0.156538	0.837862	2.523112
33.760278	0.155868	0.758000	2.140701	3.019659	0.064516	0.171712	0.862521	1.809913
47.203555	0.158380	0.878800	2.259286	3.039515	0.112649	0.188287	0.813905	3.603926
21.110257	0.155699	0.975000	2.087348	2.780025	0.100435	0.176648	0.797540	3.013486

（三）实证分析过程、验证及结果

对农产品流通效率进行因子分析，首先要进行适应性判别。从因子分析原理看出，因子分析要求原有不同变量间应具有非常强的相关性。因此，在运用因子分析时，需要对原变量进行必要的相关分析。一般来说，通过计算变量之间的相关系数矩阵，并进行统计检验，是一个比较有效的途径。通常要求相关系数矩阵中的绝大部分相关系数大于 0.3 且通过检验。

为了判断农产品流通体系运行效率所选的指标和数值是否适用因子分析，

我们可以采用相关系数矩阵分析法与 KMO and Bartlett's 测度。从相关系数矩阵看，大多数相关系数大于 0.3。同时 SPSS 也给出了更加量化的 KMO and Bartlett's 测度，测度结果如表 6.2.3。

通常来说，KMO 用来比较、观测各个相关系数值和偏相关系数值的指标，统计值界于 0 和 1 之间。如果统计值在 0.5 到 1 之间，则表明这些指标和数值可以进行因子分析。其值越接近 1，往往对数据进行因子分析的实证结果也就越好。现在计算得出，KMO 值为 0.525，大于 0.5，因此可以进行因子分析。另从相关系数矩阵和 Bartlett 的检验均可看出，变量之间具有不完全相关性，非常符合因子分析的前提条件。

表 6.2.3　KMO and Bartlett's Test

Kaiser-Meyer-Olkin Measure of Sampling Adequacy.		.525
Bartlett's Test of Sphericity	Approx. Chi-Square	140.900
	df	36
	Sig.	.000

通过运用 SPSS17.0 软件对数据进行计算，求解相关系数矩阵的特征值、贡献率和累积贡献率。特征值是对因子方差贡献的表征，特征值越大，则意味着对方差的贡献越大；贡献率用特征值占方差百分数表示；累积贡献率是贡献率的累计值；提取因子后的取值，是提取公因子的特征值、贡献率和累积贡献率。为保证不遗漏重要信息，这里选择提取三个公因子，三个特征值的累积贡献率达到 91.286%，大于一般要求的临界值 85%，而第三个特征值也达到 0.839，接近一般要求的临界值 1，具体见表 6.2.4。

表 6.2.4 相关系数矩阵的特征值、贡献率和累积贡献率

Component	Initial Eigenvalues			Extraction Sums of Squared Loadings		
	Total	% of Variance	Cumulative %	Total	% of Variance	Cumulative %
1	5.773	64.142	64.142	5.773	64.142	64.142
2	1.604	17.825	81.967	1.604	17.825	81.967
3	.839	9.319	91.286	.839	9.319	91.286
4	.412	4.582	95.868			
5	.268	2.977	98.846			
6	.089	.990	99.836			
7	.009	.100	99.936			
8	.005	.055	99.991			
9	.001	.009	100.000			

为了准确反映因子对样本变量总方差贡献的大小，即因子所反映的原始变量的百分比，现对所取因子做共同度分析，结果如表6.2.5。

从表6.2.5共同度的分析结果可以看出，指标变量和因子之间具有非常强的相关性，这表示因子能较好地反映出样本指标所包含的信息量，因子分析的效果明显。在此基础上，我们提取初始因子载荷矩阵，即公共因子和指标变量之间的因子载荷矩阵，具体见表6.2.6。

从表6.2.6可以看出，各变量在各因子上的载荷，并未体现出两级分化，难以对各因子进行进一步的分析。因此，这里采用方差最大法旋转载荷因子矩阵，如表6.2.7。

表 6.2.5 共同度分析

	Initial	Extraction
X_1	1.000	.793
X_2	1.000	.936
X_3	1.000	.887
X_4	1.000	.979
X_5	1.000	.910
X_6	1.000	.886
X_7	1.000	.976
X_8	1.000	.898
X_9	1.000	.950

表 6.2.6 初始因子载荷矩阵

	Component		
	1	2	3
X_1	.812	-.268	.250
X_2	-.822	.191	-.474
X_3	.838	.360	.235
X_4	.982	.107	-.067
X_5	.894	.117	-.312
X_6	-.879	.255	.223
X_7	.950	.261	.067
X_8	-.211	-.862	.331
X_9	-.505	.681	.481

表 6.2.7 旋转后的因子载荷矩阵

	Component		
	1	2	3
X_1	.799	.371	-.129
X_2	-.936	-.182	.166
X_3	.843	.060	.415
X_4	.782	.473	.380
X_5	.573	.593	.479
X_6	-.592	-.723	-.120
X_7	.838	.284	.440
X_8	-.033	.127	-.938
X_9	-.117	-.943	.219

从表 6.2.7 中可看出，旋转后得因子载荷矩阵中的载荷值向两极分化，凸显了公共因子代表变量的信息和意义。求出旋转后的因子特征值、贡献率和累积贡献率如表 6.2.8。

表 6.2.8 旋转后的因子特征值、贡献率及累计贡献率

Component	Rotation Sums of Squared Loadings		
	Total	% of Variance	Cumulative %
1	4.232	47.020	47.020
2	2.257	25.077	72.096
3	1.727	19.190	91.286

根据软件分析结果可知，第一主因子由农产品批零系数、农产品批零业集中度、农村信息化水平、农产品批零业资产周转率、农产品批零利润率组成，解释了 47.02% 的方差，是对农产品流通效率贡献最大的因子。第二主因子由单位营业面积销售额和农产品批零业库存率构成，解释了 25.08% 的方差。第三主因子由农产品批零购效率构成，解释了 19.19% 的方差。

利用回归方法，把主因子对指标变量做线性回归，得到系数的最小二乘估计，即因子得分系数矩阵表 6.2.9。

表 6.2.9 因子得分系数矩阵

	Component		
	1	2	3
X_1	.274	-.047	-.243
X_2	-.427	.255	.326
X_3	.287	-.241	.097
X_4	.100	.103	.138
X_5	-.075	.293	.275
X_6	.030	-.343	-.030
X_7	.189	-.061	.144
X_8	.163	-.003	-.648
X_9	.268	-.664	.069

把原始指标值带入回归方程，得到因子得分，根据综合因子得分计算公式

$F = \sum_{i=1}^{3} w_i F_i$ ，计算得到

综合因子　$F = \dfrac{41.02}{91.286} F_1 + \dfrac{25.077}{91.286} F_2 + \dfrac{19.19}{91.286} F_3$　　　　　　(1)

具体结果如表 6.2.10。

最后计算出三个因子之间的协方差矩阵为单位矩阵，说明因子之间是不相关的。经验证，因子分析是有效。

同时将因子分析结果中的 F_1、F_2、F_3 的得分代入 (1) 式，得出具体 F 值。根据这个数值，画出折线图 6.2.1，即我国农产品流通效率演进趋势图。

从农产品流通效率演变的趋势图可以看出，1998 年以来我国农产品流通效率整体上不断提升。尤其是 1999 年以来，农产品流通效率大幅上涨。到 2005 年以后，进入平稳波动阶段。其中，2002 年以前的相当长时间，都属于无效率阶段，F 值均小于 0。2003 年到 2004 年之间是流通无效率向流通有效率的转折期，2003 年综合因子得分为 -0.1145，2004 年综合因子得分为 0.3989。2009 年，我国农产品流通效率出现轻微下降，略低于 2005 年的水平。

表 6.2.10 因子和综合因子得分及排名

因子 年份	第一主因子 得分	第二主因子 得分	第三主因子 得分	综合因子 得分
1998 年	-1.8679	-0.2541	1.573	-0.7012
1999 年	-1.2518	-0.4748	-0.2632	-0.8306
2000 年	-1.0783	-0.3278	-0.2565	-0.6994
2001 年	-0.6469	-0.3872	-0.8637	-0.6212
2002 年	0.4351	-1.3346	-1.3995	-0.4367
2003 年	0.4844	-0.1715	-1.5074	-0.1145
2004 年	0.0665	1.6048	-0.3626	0.3989
2005 年	0.4187	1.1411	0.185	0.568
2006 年	0.5193	0.7281	0.4812	0.5687
2007 年	0.4674	1.4455	-0.0044	0.6369
2008 年	1.5879	-1.3053	0.9941	0.6683
2009 年	0.8656	-0.6642	1.4241	0.5628

图 6.2.1 农产品流通效率趋势图

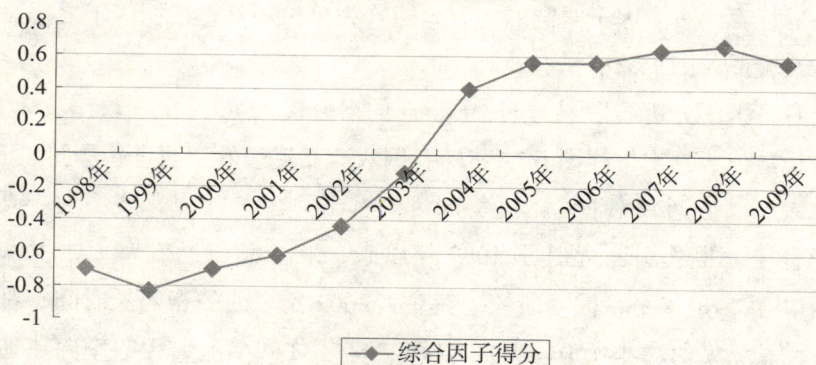

（四）农产品流通效率的影响因素分析

上述我国农产品流通效率所呈现出来的趋势特征，从整体上说，是与城乡关系演进相一致的，在具体运行中受流通主体、流通渠道、流通载体和整个政策体制因素的影响。

（1）农产品流通效率趋势变化与城乡关系演进相一致。改革开放以后，城乡关系进入由城乡分割向城乡融合的过渡阶段。特别是到上世纪末本世纪初，城乡关系进入了城乡一体化加快推进的新时期。与之相应，市场化的农村流通体制改革全面加速，一系列完善农村流通体系的政策措施出台。1998 年，《粮食收购条例》及相关处理办法颁布；1999 年，棉花收购价格、销售价格主要由市场形成，等等。这些政策措施在客观上起到了促进农产品流通的作用。2002 年，党的十六大召开，城乡一体化正式在党的最高文件中被提出，农业、农村基础设施建设在新的水平上起步，政策由城市向农村转移。从 2003 年开始，中央继 1986 后再次出台"中央一号文件"，提出并加快推进社会主义新农村建设，农村流通体系进入配套完善时期。在 2005 年以前，流通体制改革和城乡关系变化给农村流通带来了明显的"政策效应"，使得进入市场化新时期的农村流通效率快速提升。2005 年以后，随着城乡一体化进程进入实质性阶段，制约农村流通效率完善的一系列体制机制性障碍因素凸现出来，城乡一体化进入徘徊期和攻坚期。同时，农村流通体制改革也在原有路径依赖的制约下进展缓慢，再加上一体化政策效应的递减，使得整个农产品流通效率甚至整个农村流通效率进入了缓慢增长期。2009 年以来，受国际金融危机翘尾效应、国内外经济包括整个流通产业效益大幅下降的影响，需求萎缩，农产品流通效率出现了明显下降。

（2）农产品流通具体运行中的影响因素。从实证结果看，第一主因子对方差的贡献度达到 47.02%，是对农产品效率影响最大的因素，但该因子由农产品批零系数、农产品批零业集中度、农村信息化水平、农产品批零业资产周转率和农产品批零利润率这五个指标共同构成。这一方面说明，农产品流通效率受流通主体规模、农村流通基础设施和流通渠道长短的影响。农产品批零系数、农产品批零业集中度是流通主体规模的重要体现，农村信息化水平是农村流通基础设施建设的一个重要方面，资产周转率和批零利润率说明着流通渠道的长短和批零业的关系。另一方面也说明农产品效率流通的提高是个系统工程，是多方面因素共同作用的结果，靠单一的改进某个指标并不能从根本上提高农产品流通效率，要促进农产品流通效率的平稳持续提高，需要从多方面的协调配合改进。

第二主因子和第三主因子分别解释了 25.08% 和 19.19% 的方差，它由农产品批零业库存率、农产品批零购效率构成等指标构成。这一方面说明作为流通载体的批零市场的管理水平和现代化水平，对流通效率具有很大影响。从这个角度看，市场等流通载体通过加强存货管理、加强流通管理，提高单位面积利用效率，实行现代化的信息管理，能够极大提高农产品流通效率。另一方面也说明，交易方式和经营业态对流通效率有影响。一般认为，不同的交易方式、经营业态，对应的库存率也不同。同时，也说明市场信息服务能力对提高农产品流通效率十分重要。

从 1999-2008 年农村流通的变化，也能说明这些影响因素对流通效率的作用。新世纪以来，农村流通主体多元化格局基本形成，一批受国家财政支持的重点的农村流通龙头企业发展起来，一批布局相对合理、交易方式比较先进、信息比较灵敏的批发市场发展起来，连锁超市、便利店、电子商务等新型流通业态开始在农村起步，在东部广大农村蓬勃发展。特别是 2005 年前后，我国先后启动了"万村千乡市场工程"和"双百工程"，对农村流通效率持续提高起到了重要作用。农村流通体系从主体、渠道到载体等等的巨大变化，使得1999-2008 年间农产品流通效率出现了较大幅度增长。

第三节　农村工业品流通效率
分析与影响因素讨论

　　如前所述，农村流通体系运行效率在相当大程度上可以通过效益性指标来衡量。按照渠道权力理论，在一定生产力水平和需求下，效益的大小从根本上说与主体之间的利益博弈状况密切相关，主体利益高度均衡是实现农村流通体系运行效益最大化的关键所在。对于农村流通体系而言，主体之间的利益博弈更多体现在生产者与流通商的博弈。对于流通商来说，生产者一方面是商品的提供者和初始价格制定的参与者，另一方面也是流通环节的利益争夺者。生产者既希望流通商努力帮助他们推销农产品、农业生产资料和农村日用消费品，提高产品的流通数量；同时也希望不断提高商品的"下乡"或"进城"价格，在价格制定上拥有更大的权力。对于流通商来说，流通商总是希望"下乡"或"进城"价格越来越低，市场风险越来越小。正因为这两大类流通主体在流通中利益的冲突，主观上使得两类主体很难达成一致而采取一致行动，从而也就很难保证两者利益的最大化和整个流通体系运行效率的最大化。因此，建立健全农村流通体系，可以通过如何实现农村流通体系运行效率最大化的角度，来探讨农村流通体系的影响因素、完善重点和必要举措。

　　基于这些考虑和工业品流通数据的难获得性，本节从定价的角度来设计工业品流通，即农业生产资料和农村日用消费品效率最大化模型，并讨论主体、渠道变化等复杂情况对效率可能产生的影响。

（一）效率最大化模型的建立

我们先建立一个简单的效率最大化模型，效率大小用流通利润大小来表示。这个模型基本假设如下：（1）由两个流通主体一个生产者、一个流通商和一种工业品构成。出于模型简化的需要，在后面部分会讨论多主体、多环节的情况。（2）需求 Q 不是随机的，需求对最终销售价格 P 敏感，两者存在负指数关系，$Q = Ap^{-k}$，其中 $k > 1$，且为常数，A 为常数[①]。（3）两主体的利润分别大于等于 0。

考虑到流通利润主要由生产者利润和流通商利润以及外部交易成本构成，我们把一个完整的农村工业品流通利润模型设定为：

$$Rural(p) = MP + BR - \alpha \text{。} \tag{1}$$

其中，$Rural(p)$ 表示流通过程中的整个流通的利润函数，其数值等于生产者利润、流通商利润之和减去外部交易成本。MP 表示流通过程中生产者的利润函数，BR 表示流通过程中流通商的利润函数，α 表示外部交易成本。

生产者的利润函数 MP 的表达式为：

$$MP = Q(p_n - c_n) - \beta, \quad MP \geq 0 \text{。} \tag{2}$$

其中，p_n 为流通商从生产者购买工业品的单位价格；c_n 表示生产者生产该工业品所需要的单位成本；β 表示生产者为了卖出该工业品而额外支付的成本，包括为获得需求信息、贿赂市场人员等外部交易成本。

流通商的利润函数 RP 的表达式为：

$$RP = Q(p - p_n - c_r) - \delta, \quad RP \geq 0 \text{。} \tag{3}$$

其中，p 表示工业品最终销售价格；p_n 为流通商从生产者购买工业品的单位价格；c_r 表示流通商把工业品卖给消费者所耗费的单位流通成本；δ 表示流通商为了买进、卖出该工业品在流通中所额外支付的成本。其中，存在 $\alpha = \beta + \delta$。

结合表达式（1）（2）（3），整个工业品流通利润函数表达式可转化为：

$$Rural(p) = MP + RP - \alpha = (p - c_n - c_r)Ap^{-k} - \alpha \text{。} \tag{4}$$

从（4）可以看到，$Rural(p)$ 在最终工业品零售价格一定的情况下，的大小主要取决于三个因素：c_n、c_r 和 α，并与这三个变量呈负相关的关系。流通商把工业品卖给消费者所耗费的单位流通成本 c_n、生产者生产该工业品所需要的单位成本 c_r 越高，即生产成本和流通成本越高，整个流通的利润越小；流通

---

① Weng Z K. The power of coordinated decisions for short-life-cycle products in a manufacturing and distribution supply chain[J]. IIE Transactions, 1999, 31:1037-1049.

各环节所付出的外部交易成本越小，整个工业品流通的利润越大。

（二）效率最大化模型的讨论与拓展

从（4）可以看到，在外部交易成本一定的情况下，要实现 $Rural(p)$ 达到最大，就要满足 $\dfrac{dRural(p)}{dp}=0$ ，带入（4）可得：

$$p=\frac{k(c_n+c_r)}{k-1}$$ 。 （5）

也就是说，在不考虑外部交易成本 α 的情况下，要使得整个流通效率最高，流通主体总体利益实现最大，就要使最终工业品出售价格等于 $\dfrac{k(c_n+c_r)}{k-1}$ 。

但在现实中，由于生产者和流通商之间可能因为规模、信息等原因，生产者出售工业品的价格和工业品最终零售价格存在较大差异。也就是说，生产者在最终工业品定价上不一定具有发言权，流通商在购买价格的基础上，可以独立去追求利润的最大化，即 $\dfrac{dRP}{dp}=0$ ，从而可得：

$$p=\frac{k(p_n+c_r)}{k-1}$$ ， $p_n\geq c_n$ 。 （6）

由（5）（6）两式可知，当生产者的定价 $p_n=c_n$ 时，$Rural(p)$ 就能实现最大值。但在生产者与流通商没有一定利益分享机制的情况下，生产者肯定不会以价格出售商品。在实际流通过程中，只有建立某种长期协议机制或者通过博弈，让生产者分享到流通中的利润，生产者才能无限地以 c_n 价格出售工业品，使得流通运行效率实现最大化。也就是说，从一般意义上讲，当生产者和流通商的利益结合方式，在很大程度上影响着工业品的流通利润和流通效率。建立更紧密地利益结合方式，是提高工业品流通利润的重要途径之一。

以上简单模型仅仅是说，在 α 一定情况下，两个主体、一种工业品流通效率的情况。在现实的农村商品流通中，情况远比这个复杂。下面，我们根据现阶段农村工业流通的实际情况来分别讨论工业品流通利润实现最大化的路径和主要影响因素。

第一种情况：多生产者、多流通商为特点的流通分散型。现阶段农村工业品流通主要按照"生产———一级批发（一级代理）———二级批发———零售———消费"渠道进行，对单个工业品流通而言，从生产到消费至少要经过3个以上流通商环节，生产者和流通商规模普遍较小、集中度低，特别是分布在广大农村的"代销点"、"小卖部"、"批发部"和集贸市场的零散摊位小、散、乱、差情况尤其突出。这种情况决定生产者和流通商之间博弈混乱，分别按照自己利润最大化来进行工业品流通，更注重短期效率，而不注重长期利益实现。

考虑到流通环节多，在工业品市场采购价格基本一致情况下，一个生产者供应的单个工业品的流通利润将由

Rural(p)＝MP+RP－α 转化为 Rural(p)$_{分散}$＝MP+RP$_3$－α$_3$。其中 RP$_3$=Q(P$_n$-c$_{3r}$)－δ$_3$，RP≥0；α$_3$＝β+δ$_3$，δ$_3$ 为多个流通商的外部交易成本。显然 c$_{3r}$≥c、δ$_3$≥δ，于是有：Rural(p)$_{分散}$≤Rural(p)。 　　　　　　　　(7)

第二种情况：少生产者、多流通商为特点的生产控制型。由生产商控制流通商，在农业生产资料这种工业品流通中比较常见。从 (2) 式、(3) 式、(4) 式可知，这种工业品流通情况，有两种可能：一种是基于短期利益实现，各个主体分别做出个自己利润最大化策略。因在生产控制型下，生产商为了快速实现短期利润，可以尽可能地按自己利润 MP 最大化的方式来售出工业品，提高价格 pn；流通商为了有利可图，也会提高最终出售价格 p 或者采取以次充好、缺斤短两等行为，以维护自身利益实现。最终，消费者作为利益受损者，会寻求新的替代品，从而使得整个流通利润减少。一种是基于长期利益实现，生产者制定与流通商的利润分享和整合方案。因生产者规模较大，对整个市场的供应信息较明确，使得生产成本 c$_{nb}$ 和 β$_b$ 交易成本明显小于 c$_n$ 和 β；流通商并不必然因流通商数量增加而使得购入交易成本升高，因为在生产控制型下单位购入的交易成本将明显降低，一些流通环节因生产商的整合将有所减少。这些变化在客观上使得流通商利润大于分散型流通商利润，即 Rural(p)$_{生产}$≤Rural(p)$_{分散}$。 　　(8)

第三种情况：多生产者、少流通商为特点的流通控制型。和生产控制型类似，流通控制型下，流通利润的实现也有两种不同的情况，一种是基于短期利益实现，流通商利润最大化，挤压小生产者利润和消费者利益，结果短期内有利于实现流通商利润最大化和流通渠道利润增长，但长期来看，会导致流通商乃至这个工业品流通利润下降直至无法运行。一种是基于长期利益实现，流通商制定与生产者的利润分享和整合方案。因流通商处于生产和消费的中间位置，因此不仅对供给而且对供求的信息更敏感，在降低流通成本上更有优势。同第二种情况的分析，有 Rural(p)$_{流通}$≤Rural(p)$_{分散}$。 　　(9)

当然，上述情况主要是考虑在市场信息透明性不完备的条件下的工业品流通几种可能情况。在信息高度透明的情况下，α 将无限趋近于 0，(4)、(7)、(8)、(9)式讨论的四种流通效率都将明显下降，但基本原理相同，这里就不一一讨论。

（三）工业品流通的主要影响因素

从（4）、（7）、（8）、（9）式可知，在一定生产条件下，针对农村市场的工业品流通主要受以下一些因素影响：

流通主体规模。这里流通主体规模主要指在需求基本保持一定的情况，流通主体生产、流通工业品数量的多少。一般来说，不同规模的主体导致不同的利益分配格局和不同的流通利润。流通主体规模较大，流通成本和外部交易成本就较低，流通运行的效率就较高；反之，主体规模较小，流通成本和外部交易成本就较高，流通运行的效率也会受影响。从生产者和流通商的角度讲，生产者规模较大，在流通利益分配中生产者就占有更多优势；流通商规模较大，在流通利益分配中流通商就占有更多优势。

流通渠道长短。从（7）式分析可以看出，简单流通环节的短流通渠道的流通效率明显高于多环节的长流通渠道的流通效率。在市场信息传递和反馈不及时的情况下，较长的流通渠道一方面会导致流通成本、生产者卖出的交易成本和流通商购进卖出的成本上升，另一方面还会明显降低主体的平均利润率。相反，在同等条件下，较少的流通环节不仅会使得现阶段工业品流通的成本、生产者卖出的交易成本和流通商购进卖出的成本得以下降，而且还会明显提高流通主体的平均利润率。

流通主体的利益连接情况。流通主体以什么方式连接，既在一定程度上决定着流通渠道的长短，也在相当大程度上决定流通效率的高低和流通工业品质量的高低。(4)、(8)、(9)式都反映出，主体利益关联度高，流通效率较高；主体基于长期利益形成的交易关系，流通效率高于基于短期利益形成的交易关系；无论是生产者控制型还是流通商控制型的工业品流通效率，都大于分散型的工业品流通效率。

外部交易成本。在其他因素保持一定的情况下，外部交易成本和流通效率呈反比的关系，交易成本变高，流通效率就降低。外部交易成本的大小主要取决于流通主体规模、流通主体利益连接情况、市场信息情况以及一些政策体制性因素。

第四节 农村流通体系运行效率
的主要影响因素

农村流通体系运行包括两个方面，一是城市工业消费品和农业生产资料向农村地区的流动；二是农产品向城市的流动。通过上述对农村流通体系评价指标的设计和农产品流通、工业品流通效率的实证分析，我们可以清晰地看到，农村流通体系的完善程度和运行效率高低是多种因素共同作用的结果，需要流通主体培育、流通渠道建设、流通载体建设和流通基础设施建设等充分条件，同时也需要政策法规、财税等必要条件。任一个环节的缺失和不足都会影响农村流通体系的有效形成和运行效率。

（1）流通主体。包括农民、小商贩和众多批发零售商在内农村流通体系运行主体，本身既是农村流通体系构成的重要部分，同时更是农村流通体系运行的具体执行者。尽管这些年城乡一体化进程有所加快，但还远没触及城乡流通这个和众多主体利益相关的领域。流通产业是竞争性很强的产业，本身也就需要更有竞争力的主体来承担这个任务。但目前我国农村商品流通领域中，同时具有生产和流通功能的农户在农产品流通活动中没有有效的组织，缺乏组织性，与庞大的农产品需求市场相比明显处于弱势地位；专业的农业流通公司较少，不仅缺乏组织农户进行规模生产、农业生产资料购买的专业公司或组织，也缺乏专门从事农产品加工与流通的农业公司和组织，还缺乏专门从事农产品、工业品的专业物流公司、包装公司，等等。在针对农村的工业品中，这个庞大的市场主要依靠的是低效的、夫妻式、小农式的个体商户，与城乡一体化趋势下日益增长的农业、农村和农民需求形成鲜明反差。

流通主体的缺失和不足，一方面使得流通体系运行效率低下，农产品流通效率徘徊不前，工业品流通缺少规模效率；另一方面也使得流通主体之间的利益分配严重失衡，流通市场秩序混乱，每个主体都在追求利益最大化，其结果是整个流通体系应有的作用、功能无法发挥出来。这些年来，农民人均收入持续提高与农村市场长期低迷的偏离，农产品价格居高不下与大量农产品卖不出去的矛盾，在某种程度上说，根源就在于农村流通主体发展长期停滞不前，这也是农村市场落后于城市市场的主要原因之一。

（2）流通渠道。实证分析表明，农村商品流通渠道的长短，直接关系到流通效率的高低。农产品流通的因子分析表明，和流通渠道长短密切相关的资本周转率与农产品流通效率存在负相关的关系；工业品流通的效益最大化模型及讨论也表明，流通渠道长短对工业品流通效率有着较大影响，在同等条件下，较少的流通环节不仅有助于降低工业品流通的成本，而且还能明显提高流通主体的平均利润率。

现阶段农村流通体系运行的实践也说明，流通渠道越长，商品周转时间越长，流通费用越高，流通体系也就越需要优化。在现阶段农村流通体系中，农产品流通从生产到消费一般要经过多个主要环节，即生产——产地批发——销地批发——零售——消费，同时还要多个隐性收费环节，即产地市场、道路、销地市场、道路和零售市场，每个环节都在流通中占用一定时间、产生一定费用。这十几个环节，不但延长了农产品一次流通的时间，而且提高了流通成本。在工业品下乡过程中，也存在和农产品流通类似的过程。

（3）流通基础设施等条件。农产品流通实证表明，农产品流通效率的提高总是伴随着农村流通基础设施的改善；工业品流通效率最大化模型也表明，农村流通基础设施对于改善流通环境、降低流通成本和外部交易费用都有着重要作用。我国城乡二元体制的重要表现之一，就是城乡公共品供给高度失衡，农村基础设施建设与城市相比严重滞后。农村市场基础设施和信息服务设施的缺乏和落后，不仅制约了农村居民的消费，而且提高了流通成本，制约了农村流通体系的健康运行和应有作用的发挥。农村流通基础设施条件使城乡之间的流通环境、消费环境产生较大反差，既不利于城市中工业消费品和农业生产资料的销售，相当程度上削弱了农民对许多现代工业消费品的购买欲望，也不利于农产品向外流通。

此外，还要看到，对农村流通体系影响的因素不仅仅限于主体、渠道和基础设施等，还有物流、体制机制等因素的作用。由于数据等原因，在实证过程中，对这些因素讨论较少，但从农产品流通效率的趋势图和对工业品流通外部交易成本的分析中，可以清楚地看出，物流、财税政策等因素在农村流通体系运行中占有非常重要的地位。尤其在当前，城乡二元结构仍未打破，表现在流通体系建设中，就是"重城市，轻农村；重生产，轻流通"在事实上仍起主导作用，在地方政府和相关部门的职能设置中，常常把流通发展与城市建设联系在一起，城市商业是商业部门关注的重点领域；把农业发展与农村建设联系在一起，"三农"问题更多是农业问题。物流发展主要集中在城市，现代物流在农村还远没有发挥作用，对农村流通体系运行效率提高起到明显制约作用。在法律制定和执行上，一些重要法律法规仍是基于城乡分割的背景制定的，农村市场有法不依、执法不严、乱摊乱罚的现象比较普遍。

第七章

新时期农村流通体系建设的要素优化路径

在城乡一体化背景下，加快农村流通体系建设，不仅要通过体系的发展和完善提高整个流通的效率，而且要实现不同流通主体之间利益的均衡；不仅要通过体系的发展和完善最大限度地发挥农村现有流通要素的功能和作用，而且要根据城乡一体化趋势超前部署，使农村流通发展成为推进城乡一体化进程的重要先导力量。

第一节　农村流通主体的选择与培育

在城乡一体化背景下，研究农村流通体系，必须研究和把握中国农村流通的特点，这是一个既不同于发达国家，又区别于发展中国家的；既庞大又复杂的结构体系。农村流通主体是农村流通体系运行的具体参与者，其形态和特征直接决定着流通主体间可能的利益关系和利益结合方式，影响着流通渠道的长短、宽窄，影响着农村流通体系的运行效率。这些年来，随着城乡一体化进程的推进，农村流通主体也呈现出多元趋势，一些新的主体形态出现并和原有主体形态一起参与流通利益博弈。建立与城乡一体化趋势相适应的农村流通体系，就要在分析这些主体形态的基础上，探索新时期农村流通主体选择、培育的重点与具体路径。

（一）农村流通主体的基本形态与特征

纵观现阶段我国农村流通体系，主体多元化趋势越发明显，不仅包括传统的农户、个体商贩，而且还包括一些较大的商贸企业、专业合作组织。这些主体形态的状况和特征，是新时期农村流通主体选择和培育的重要依据，在很大程度上决定着新时期流通主体选择的可能方向。

（1）农户。在我国农村流通体系中，农户是一个特殊的流通主体，它一方面从事着农产品的生产，另一方面还从事着农产品、农业生产资料乃至农村日用消费品的流通工作，同时还是农村消费的唯一主体。

由于体制机制以及长期的城乡二元体制的原因，农户普遍规模较小、受教育水平低、市场意识薄弱，这导致农户在流通利益博弈中处于明显的劣势地位，难以与在流通中上占优势地位的贸易商甚至小商贩竞争。一方面，作为生产者和商品出售者，农户的小生产与大市场存在矛盾，不仅生产和流通中正常成本偏高，而且获取市场信息、进入市场较难，较高的外部交易费用使其在产品推广、技术改进、产品定价等方面处于被动的地位，难以根据千变万化的市场需要适时改变生产和供给状况，出售市场更为需要的商品。另一方面，作为消费者，农户由于小规模、信息弱势等原因，在农村市场中同样处于弱势地位，只能被动地承受流通中被各个环节附加的各种费用和质量千差万别的商品。

从城乡一体化的趋势来看，未来农村流通基础设施、农民的教育水平和农村的信息化水平将得到较大改善，城镇对农产品需求的质量和数量都将有较大提高，农户的小生产与大市场之间的矛盾将更加明显，农户作为流通主体的规模小、竞争力弱等劣势更加明显。

（2）个体商贩。在我国农村流通体系中，个体商贩是在农户基础上演化而来的。包括贩运大户、小商小贩、个体经销户等临时性的流通组织或个人。这些商贩的主体是农户，这些农户或者专业从事城乡之间的商品流通，或者亦商亦农；也有部分是小城镇居民，但与农户有着千丝万缕的联系。正是因为这种联系，使得这些个体商贩更加熟悉本地农村生产、需求等市场状况，在连接农产品生产与销售，实现小生产与大市场对接方面具有天然优势；在推动农业生产资料、消费品等工业品下乡，满足农村居民对工业品的生产、生活需求方面，具有独特作用。

但在现阶段农村流通中个体商贩存在诸多问题：一是质量参差不齐。个体商贩具有临时性，没有基本的工商备案和营业执照。这使得个体商贩买卖的商品缺少必要的质量监督检测。在农村市场，假冒伪劣商品较多、监控较难，都与此有关。二是具有较大市场风险。作为农产品收购者和贩运者，这些商贩由于缺少基本的资产保障和市场信息不准确等原因，倾向于出现违约而无力偿还的行为；作为农业生产资料和日用消费品的出售者，"小本经营"的个体商贩承担市场风险的能力也十分有限，通过不合法行为向弱势农户等最终消费者转嫁风险是现阶段经常出现的现象。三是规模小。相对于农户以外的其他商品流通主体，个体商贩规模小这一特征表现得十分明显，这使得个体商贩在购进工业品和具体流通过程中的成本和外部交易费用都较高，降低了整个流通渠道的盈利空间，影响了农户的经济利益。四是交易的投机性特征明显。无论是和农户，还是与其他流通环节，个体商贩与他们之间的交易，常常是一次性交易，与其他环节之间没有建立长期的稳定的利益均衡关系。

从城乡一体化的趋势来看，随着未来农村信息服务和农村流通基础设施更加完善，农村居民的销售半径和购物半径会不断拓宽。但城乡一体化是个长期的过程，农户作为基本的生产、生活和经营单位的性质短期不会改变，农户生产分散、消费分散的格局短期不会改变，农村之间经济社会发展的不平衡性短期不会改变，这使得农户与其他流通主体之间需要一个过渡环节。于是就决定了个体商贩在相当长时间内仍有一定生存、发展空间，但对其的要求会越来越高。

（3）合作经济组织。合作经济组织是由组织化创新所形成的新的主体形态，主要是指由农户组织的、直接为农业生产、流通和农民生活提供各种服务的合作社和各种联合组织，种类包括社区合作经济组织、供销合作社和这些年出现的各种专业合作社①。与农户不同，合作经济组织尽管是在家庭承包经营的基础上，通过某种形态联合形成的，但它具有不同于普通农户的特征：一是合作经济组织相对于农户规模和竞争力都得到提升。合作经济组织通过一定形式使分散在各个家庭有限的生产要素优化组合，并在此基础上形成了全新的生产、流通能力，对外参与生产和流通领域的利益博弈，对内为会员提供一定的生产、生活服务。正是由于组织规模和竞争能力的提升，使得这一主体在商品买卖中具有一定的话语权。二是信息收集、整理能力提高，生产流通成本较低。与单个农户相比，合作经济组织获得信息的渠道更多、范围更广，规模效应使得生产、流通成本更低。三是利益关系稳定。合作经济组织通过契约等形式将分散的小农户组织成为一个新的主体，各方权利义务关系实行协商决定，农户分享流通收益，这种结合方式是建立在长期利益均衡关系基础之上的，更有效率，更可持续。

我国合作经济组织的发展，经历了非常曲折的过程。传统的社区合作经济组织、供销合作社等合作经济组织，由于受国家政治、意识形态等体制机制影响，绝大多数都已经消失在历史的尘埃之中了，在农村流通中的作用越来越小。供销合作系统已经脱离了原来的合作性质，成为独立的商贸企业；社区合

---

① 胡艳辉：农民合作经济组织典型模式及特征探析，《安徽农业科学》，2009 年第 16 期。

作经济组织只有极少数的几个在不断变革中向大型企业集团发展，也失去了原有的服务农业、农村、农民的性质。这些年，专业合作社形态受到了各方面的重视。2006年10月31日，第十届全国人民代表大会常务委员会第二十四次会议通过中华人民共和国农民专业合作社法，将农民专业合作社界定为在农村家庭承包经营基础上，同类农产品的生产经营者或者同类农业生产经营服务的提供者、利用者，自愿联合、民主管理的互助性经济组织①；将合作社的功能限定为以其成员为主要服务对象，为成员提供农业生产资料的购买，农产品的销售、加工、运输、贮藏以及与农业生产经营有关的技术、信息等服务。

虽然这种专业合作社形态的流通主体在农村流通中具有明显的优势，但从现阶段看，这些专业合作社发展并不尽如人意，不但没有在大范围得到推广，而且组织发育不规范，并没有发挥合作经济组织应有的作用。目前，专业合作社主要有两种形态，一种是在能人效应基础上发展起来的，一种是依附龙头企业发展起来的。在能人效益基础上发展起来的专业合作组织主要存在以下三个弊端：一个是内部责权利不清，公共积累和"能人"个人资产所属不清，从而使得这种利益结合关系并不紧密，难以形成稳定的长期利益均衡；二是管理机制不明。由于"能人"在合作社成立、组织中的特殊作用，使得未来管理机制与能人能力大小紧密相关，未能发挥出要素集合所产生的巨大能量；三是交易费用较高。由于上述问题的存在，使得这种合作社内部合作成本较高。依赖龙头企业发展起来的合作社也存在同样的问题，甚至某些龙头企业出于争取公共财政支持的需要，实行"一套班子，两块牌子"，把合作社和合作社成员应得利益转移到龙头企业身上、把市场风险转嫁到合作成员头上。

从城乡一体化的趋势看，如何将分散的农户通过组织化等形式以农户或农民组织为主结合起来，形成服务农户并独立于农户的流通主体，是大势所趋。目前在美日等西方主要经济发达国家，合作经济组织在整个农产品销售量中占有绝对比重。我国随着城乡一体化进程的推进，农业分工必将进一步深化，建立专业性的合作组织承担流通功能，是解决小生产与大市场之间矛盾的一条有效途径。

（4）批零商贸企业。在现阶段农村流通体系运行中，商贸企业是农产品

---

① 《中华人民共和国农民专业合作社法》，《人民日报》2006年12月5日第12版。

"进城"和工业品"下乡"需要经过的主要环节，是当前沟通城乡商品流通的主要力量和农村流通的中坚力量。

批发商在当前农村流通中占有重要地位。从我国农产品流通实际来看，农产品的供给方是千千万万的个体农户，而且种类千差万别。通过生产者本身或一些个体商贩进行农产品流通，一般只能局限于当地市场，很难在远距离的大市场进行有组织的销售；同时，农产品的地域性较强，跨区域流通、分配是人民满足日益增长物质生活的需要。批发商通过同时汇集大量需求和供给，能有效地实现小生产与大市场、生产的地域性和需求的无地域性的统一。从我国工业品下乡的实际来看，中小生产商大量存在，也使得批发商在这一流通领域同样具有非常重要的作用。

总的来看，我国现阶段的批零商贸企业具有以下特征：一是主体小型化。在农村流通领域，无论是批发商还是零售商，主体规模都偏小，市场集中度低。批发商主要以中小型批发企业为主，在运输和仓储损耗、场地费用以及生产主体分散等导致的流通成本和交易费用较高的情况下，众多的小批发商难以从完全市场竞争中实现更多利益；零售商多数是小型的私营企业、店铺和农家店，城市的大型百货、商业中心等在农村还比较少见。零售主体规模小，进入市场壁垒低，既容易导致市场秩序混乱，零售市场风险增加，也容易损害整个零售业的形象。二是现代化水平低。服务农村的批零企业多数信息化水平都比较低，信息投入少。三是流通方式和经营业态陈旧。在批发环节，批发商主要采取上门收购、现场交易等方式批发商品，拍卖、期货等现代方式较少采用；在零售环节，集贸市场仍是零售的重要形态，连锁经营等现代方式应用较少。

随着城乡一体化的推进，现阶段的批零企业将面临较大挑战。从工业品流通来看，未来农村居民的消费方式和消费特点将不断与城市居民接近，对产品的质量、获得的方式有了新的更多元的要求。在这种情况下，符合现代生活特点和适应现代技术发展趋势的流通方式、经营业态将受到青睐，对零售商的服务质量也提出了更严格的要求；同时，随着农村各方面条件和服务与城市的同步，较大的制造企业更倾向于自己建立推销机构为零售商和消费者服务。这些必将对中小批发、零售商形成较大压力，尤其是对中小批发商来说这种压力更加明显，过去这种压力在城市中已经有所体现。因为中小批发商一般主要批发一种商品或几种商品，小规模，管理方式落后，资金实力、经营实力、市场反应能力和抗风险能力都比较弱。随着城乡一体化的推进，这些中小批发商不仅受到生产、零售两端挤压，而且还受到来自同行大型批发企业的强大压力。从农产品流通来看，随着城市化率的提高和现代农业的推进，农产品流通的规模将进一步扩大，这对从事农产品流通集散功能的批发商以及零售商的规模、流通方式等都将有更高的要求。

（5）其他流通主体。这些年，农村流通领域也出现了一些大型商贸集团，这些商贸集团通过控制批发或零售，或者以加盟等方式进行连锁经营，在降低流通成本、保证流通质量、提高流通效率等方面，具有明显优势。还有一些工业企业特别是较大规模、竞争比较充分的工业企业，比如家电、农机等工业企业通过自己设立流通机构或者建立代理商等方式，形成了面向城乡的独立流通网络。但总的来看，出于成本和一些特殊政策因素的考虑，涉足农村商品流通的大型商贸企业数量还比较少，工业企业自销或者代理销售的比例与水平还不高。

随着经济社会的发展，农村市场的巨大潜力将被越来越多企业所认识到，体制机制风险越来越少，大型商贸集团在农村流通中的优势将越来越明显，发展空间也越来越大。

（二）农村流通主体选择与培育的重点

一个健全、高效的农村流通体系总是建立在主体间高度利益均衡基础之上的。而实现主体间高度利益均衡离不开合理组织体系的支撑，在相当大程度上取决于主体的形态、特征及由此表现出来的市场行为。

从农村流通的过程看，生产者和消费者作为流通的起点与终点，在空间乃至时间上都存在着分离，必须通过一定的组织形态加以衔接，来消除这种分离，这是农村流通进行的一个重要条件。但从农产品流通的过程看，一方面，与批零商贸企业乃至个体商贩这些中间流通组织相比，作为生产者兼流通者的农户和作为消费者的城镇居民，规模太小，单个农户所提供的农产品的数量和单个消费者所消耗农产品的数量，与其他主体相比存在着严重的渠道权力失衡，几乎没有丝毫议价能力，导致拥有过少权力的生产者和消费者这两类主体的利益无法得到保证，整个农产品流通利润的获得总是通过"出卖"这两个主体利益的方式获得。另一方面，作为中间商环节的流通主体，包括个体商贩、批零商贸企业等，与整个市场相比同样存在着严重的渠道权力失衡，市场集中度低。在这些商贸企业之间形成的利益均衡基本上都属于低度利益均衡，效率低下。从工业品流通的角度看，首先农户因为信息、规模等原因，与其他市场主体相比，处于明显劣势。其次，从生产到中间流通，主体之间都在按照自身利益最大化的模式安排流通生产，但最终结果是整个流通的效果并不是最大化的，主体之间形成的是临时的、低度的利益均衡。

总之，现阶段的农村流通体系是建立在农村流通主体间利益失衡和低度均衡同时并存的基础之上的，这是由当前农村流通主体的形态和特征决定的。随着城乡一体化的推进，如果放任自流，农村流通主体之间的利益失衡将更加严重。

基于以上分析，可以看出，建立一个健全、高效的农村流通体系，一定要理顺主体之间的利益关系，将流通行为建立在主体间高度利益均衡的基础之上。这就要求，我们要努力培育壮大农户主体规模、规范个体商贩行为、提高批零企业组织化程度，这也应是新时期农村流通主体选择与培育的重点和努力方向。

培育壮大农户主体规模和壮大批零企业规模，是保障农户流通利益、增加商贸流通主体收益和提高整个流通体系运行效率的有效举措和迫切要求。现阶段农村流通体系面临的主要问题之一，就是作为生产者和流通参与者的农户在整个流通体系中处于弱势地位，农村流通的风险主要集中在农户身上，农户与其他流通主体之间形成的是短期的利益均衡，从而导致整个流通体系的运行效率较低。壮大农户主体规模，能够明显降低生产和流通成本，减少外部交易费用，提升农户与其他流通主体的议价能力。批零企业的规模大小，不仅关系到流通的成本和相关交易费用，而且关系到流通商品的质量和流通企业的抗风险能力。现阶段，我国农村流通体系效率偏低，农产品生产与消费"两头"价格偏离，流通增值小，在很大程度上与批零企业规模较小有关。

（三）农村流通主体选择与培育的主要路径

城乡一体化新时期，选择和培育农村流通主体，既应着力创新，不断挖掘培养农村流通主体的新思路、新路径；同时应注意总结好经验、好做法，在现有流通主体基础上通过创新流通主体的组合方式，来提升流通主体的规模和能力。

从国内外经验来看，基于我国农村流通的特殊性，新时期培育农村流通主体，壮大流通主体规模，建立高度利益均衡，除了积极培育大型商贸企业发展外，还有以下主要路径：

一是股份式路径。股份式路径是指同类或具有较多相同属性的流通主体之间通过入股的组织形式形成新的流通主体，由新的流通主体按照股东要求，开展流通行为，维护股东利益的方法。股份式路径的前提是流通主体开展的生产、流通业务接近，规模大体相当，属性差别有限，入股主体间需求相对稳定。新流通主体开展市场行为的目的是维护入股股东的权益，实现股东利益最大化。

股份式路径能明显提高原有流通主体规模，同时规模的提高使得新流通主体能有效地降低生产、流通成本和为实现正常流通所需要付出的交易成本，也有利于提高新流通主体对其他流通主体的博弈能力。

从国内实际来看，近年来兴起的并受国家明确支持的各种类型的农民专业合作社，基本属于股份式类型。在中国，农民是个特殊的利益主体，他们生产经营规模大体相同，从事的工作领域也基本一致，都有出售农产品和购买基本农业生产资料的需求。由于我国家庭联产承包责任制等基本经济制度的刚性约束，使得农户通过扩大再生产来提高生产经营能力的可能性较小。在市场经济条件下，农户以外的流通主体多是有组织的企业，相对于农户来说，这些主体都拥有比较雄厚的资本和较大的生产经营规模，有一定的流通技术创新、应用能力，配套着相对先进的流通设备，因而在流通利益博弈中总处于相对有利的地位。在这种情况下，小规模的农户只有组织起来，通过入股的形式形成代表入股农户利益的专业合作组织，才能成为与其他主体进行平等交易的真正的市场主体。

新时期按照股份式路径，培育类似专业合作组织的流通主体，应注意遵循以下原则：（1）坚持自愿入股、民主管理原则；（2）成员以农户为主体；（3）以其成员为主要服务对象；（4）全方位提供惠及全体成员的服务。比如农产品合作组织应提供包括农业生产资料购买、农产品的销售、加工、运输、贮藏以及与农业生产经营有关的技术、信息等服务。（5）在民主的基础上实行科学的利益分配原则，坚持责权利相统一。比如，可以考虑对农民专业合作社实行"盈余主要按照成员与农民专业合作社的交易量（额）比例返还"①。

从现阶段我国一些地区专业合作组织的不足来看，我国大多农民专业合作组织都没有按照上述原则运行。新时期按照股份式路径选择、培育流通主体，就要努力使这些基本原则成为专业合作组织成立、运行的基本准则。而且，不应仅仅局限在农户领域，还可拓展到其他小型同类业务的流通商领域。当然，目前这一路径面临着一系列根本性的体制机制障碍。比较突出的一个障碍就是农户通过什么资产来入股。在现行体制下，农户对土地等资源要素并不拥有清晰的产权。按照科斯定理，只要财产权是明确的，并且交易成本为零或者很小，那么，无论在开始时将财产权赋予谁，市场均衡的最终结果都是有效率的，才能实现资源配置的帕雷托最优。但在农村流通的现实中，科斯定理所要求的前提明显是不存在的，农户财产权存在很大的不确定性，由此导致专业经济组织内所形成的利益关系是不稳固的，成员内为此而进行的博弈产生了大量交易成本。因此，新时期在培育农村流通主体的同时，要积极探索产权或者产权抵质押的有效实现办法。

二是合作式路径。合作式路径是指不同类型或处于不同层次的流通主体，通过契约合作的形式以一个或几个主体为主结成利益共同体或者产业共同体，通过类型互补或优势互补，来降低生产、流通成本，并分享流通收益的方法。合作式路径的前提是流通主体属于不同类型，业务具有互补性。参与主体的利益实现方式是通过新主体参与各方的类型互补或优势互补，来降低成本获得更大收益。各方参与主体合作的目的是实现各自利益的最大化。

现阶段农村流通主体中通过合作式路径实现主体生产、流通能力提升的形式主要是"公司＋农户"等产业化经营组织。农村产业化经营组织是把农产品或工业品的生产、加工乃至流通等环节衔接为一体，形成有机结合并相互促进的组织机制，这是促进千家万户进入市场、提高农村专业化生产和社会化协作、实现规模经济效益的组织形态之一。具体到"公司＋农户"，它是通过契约的形式，将农户生产、供应与公司加工、包装、流通等以一定利益联结机制有机结合在一起的主体形态。其中，公司负责生产计划、技术指导和收购、流通乃至加工等任务，农户负责生产计划的落实。公司和农户流通收益按双方契

---

① 《中华人民共和国农民专业合作社法》，《人民日报》2006年12月5日第12版。

约规定分配。这种形态对于解决农户的小规模与大市场之间的矛盾，提高和保障农户在生产、流通中的收益，具有重要意义。

从现阶段"公司＋农户"等产业化经营组织的实践来看，目前公司和农户等流通主体之间的利益联系过于松散，尤其是在社会信用尤其是农村社会信用建设不健全的情况下，经常会出现"相互违约"的临时性合作情况，从而使得通过合作式路径形成的流通主体不具备主体的基本稳定性，无法发挥应有的作用。社会信用体系建设是一个过程，必将随着城乡一体化的推进而逐步改善。而利益过于松散的根源主要在于公司和农户或者说不同主体之间的利益严重失衡，特别是由于公司相对于单个农户的强势地位，使得农户在与公司签约合作时往往处于不利地位，农户无法获得流通中的巨大收益。因此，建立更高利益均衡的办法应在提高合作农户的组织化程度上下功夫。

三是联盟式路径。联盟式路径是同类或者具有较多相同属性的流通主体，通过对价格等市场敏感要素采取一致性行动，来提高流通主体规模和能力的方法。在采取一致性行动时，结成联盟的流通主体形成了一个临时性的"虚拟主体"，由这个"虚拟主体"与其他流通主体进行利益博弈。这种方法实施的前提是同类或者具有较多相同属性的流通主体，面对共同问题。参与联盟的流通主体的利益实现方式，是通过一致性行动，降低生产、流通成本。

联盟式路径，是较小规模流通商贸企业提高规模经济效益的一个有效方法。但从现阶段的实践看，在市场信息服务不健全和缺少共同载体平台的情况下，不同流通主体很难就某个环节结合在一起，形成联盟式的利益共同体。随着城乡一体化的推进和农村流通服务平台的建立健全，通过联盟式路径进行主体规模重塑，将是一个有效选择。

第二节 农村流通渠道的整合与优化

我国农村流通渠道普遍偏长、环节过多，是制约农村流通效率的主要障碍之一。新时期建设适应城乡一体化的农村流通体系，就要在深入研究现阶段农村流通渠道的基本形态和特征的基础上，探寻城乡一体化背景下，农村流通渠道整合与优化的可能路径。

（一）农村流通渠道的基本形态与特征

（1）批发零售型。批发零售型，即"生产——批发——零售——消费"，是现阶段农村流通渠道的主要形态。在农村流通体系运行中，商品从生产到最终消费都要经过批发、零售环节。批发可能是单级批发，也可能是多级批发；可能是产地批发，也可能是销地批发，还可能是产地批发＋销地批发。批发零售型的特征是流通环节多、渠道长，各环节之间的联系松散，属于临时性的短期交易关系，由此带来的流通成本和交易费用也往往相对较高，分配到每个流通主体的利润较低。

从农产品流通来看，现阶段我国农产品流通渠道主要属于这种类型。农产品生产者即农户普遍规模较小，为了进行市场交易，实现农产品的价值，独立分散的农户必须去寻找有谁可以进行交易、如何交易、以什么价格进行交易；同时，产地批发商、加工企业或者收购大户需要与每个农户进行单独的讨价还价才能完成交易，这些都会导致交易费用增加和交易时间拉长。因为农产品多数属于易损、易腐败商品，对存放、运输的条件、气温、时间要求较高。所以，较多环节和较长的流通渠道，对于农产品流通效率是个非常大的不利因素，过长的供应链增加了农产品的损失率。从工业品流通来看，也有相当大份额的工业品通过批发零售型渠道进入农村居民家庭，复杂的渠道不仅增加了农村居民的生产生活成本，也使得工业品质量更难以保证。

（2）产销对接型。产销对接型流通渠道，即"生产——零售——消费"，是近年来在农村流通中开始出现并受到广泛关注的渠道类型。这种形态的流通渠道，是直接通过一定的运输物流环节，实现生产供给和最终消费终端的对接。产销对接型流通渠道的形成，一般要求生产或者销售主体规模较大，组织化程度较高。产销对接型的特征是渠道环节较少，渠道较短。与批发零售型相比，因为越过了批发环节，所以成本明显下降，每个主体获得的利润一般也高于批发零售型。

从农产品流通的角度看，"农超对接"是比较典型的产销对接型渠道形态。"农超对接"是组织化的农产品生产者与城市连锁超市直接对接，以减少流通环节，提高流通效率，降低流通成本[①]。从对接主体来说，与城市连锁超市直接对接的主体往往不是小规模的农户，而是组织化后的农产品生产组织。"农超对接"去掉了传统的产地批发、销地批发等环节，极大地提高了流通效率，缩短了流通时间，降低长时间所引起的物理损耗。同时，"农超对接"这种产销对接型渠道形态，将产销直接联系在了一起，有助于顺畅农产品供求信息的双向反馈，及时调整农产品生产规模、种类，让生产者和消费者"两头"同时受益。但从现阶段"农超对接"发展的实践来看，"农超对接"发展缓慢，主要原因在于农户之间缺少关系紧密的组织化形态，专业合作社发展不规范，农户难以获得更多收益；从生产到销售之间的运输物流环节现代化水平较低，成本较高，使这种产销对接型流通渠道的效果大打折扣。从工业品流通的角度看，"厂家直供"、"网络销售"都是比较典型的产销对接型渠道形态，但这些形态更多集中在城市和本地区域，对流通载体、流通设施等的要求较高，在农村市场还比较少见。

（3）自销型。自销型流通渠道形态，是近年来随着生产企业发展并在农村流通领域逐渐发展起来的一种新的流通渠道形态。特点是生产主体规模较大或者产品具有一定垄断性，直接或间接控制销售网络，商品来源相对稳定、

---

① 李圣军："农超对接"：农产品进城新模式，《农村经营管理》，2009 年第 8 期，第 10 页。

可追溯。

自销型流通渠道形态，是工业企业获得工业品流通收益的一个有效途径。流通被认为是商品的重要利润源，较大规模或者专业性比较强的生产企业，为了获得这部分巨大收益，常常把生产业务向下游延伸，在不同区域建立经销公司和专卖店。这种形态由于减少了与其他批发、零售环节的讨价还价等行为，使得交易成本大大降低，交易费用明显减少。现阶段这种流通渠道形态主要集中在中东部基础设施和消费力较强的中东部农村，工业品种类多为电器、农业机械和农业生产资料。自销型流通渠道形态，也是农产品流通的一个新形式。由农户入股组成合作经济组织，合作经济组织拥有分类、包装、分级和加工等功能，对产品采用统一商标、实行统一加工、销售，这种形态不仅有利于减少流通环节，而且能够保证流通质量。但也要看到，这种形态流通渠道对拥有控制力的生产者要求较高，不仅能控制生产环节，而且能控制销售等环节。从现阶段农村流通体系运行的实践来看，自销型流通渠道形态在农村发展非常缓慢，已有的自销型流通渠道形态没有建立起更紧密的产销关系和利益分配关系，这主要与生产者主体规模较小、渠道权力倾斜以及流通网点建设难度较大等有关。

此外，还有专卖型等其他流通渠道形态。专卖型是需要得到相应的许可才允许生产或销售的一种流通渠道形态。这种形态的流通渠道，是由于特殊的体制政策原因而建立的，对专卖品的生产、销售、进出口依法实行专卖管理，并实行专卖许可证制度，主要集中在烟草等领域。农村是烟草的消费大户，流通渠道主要按照"生产——全国烟草总公司——省市烟草公司——市县经销分公司——专卖店"进行，其中烟叶种植由烟草公司或者其委托单位收购，经营烟草制品零售业务的企业或者个人由县级工商行政管理部门根据上一级烟草专卖行政主管部门的委托，审查批准发给烟草专卖零售许可证。但事实上，烟草销售很多是由代销点、夫妻店等零售终端销售，产销之间较长的流通渠道导致监管很难，市场比较混乱。因专卖制度属于特殊的流通制度，这里不做深入讨论。

（一）农村流通渠道整合与优化的重点

纵观现阶段农村流通的基本形态，可以得到两个清晰的结论：一是流通渠道形态主要以批发零售型为主，其他诸如产销对接、自销型发展缓慢，处于起步阶段；二是流通渠道普遍较长，流通环节较多，流通渠道各环节间关系松散。

城乡一体化背景下，要让农村流通体系发挥强农惠农的作用，使农户获得更多收益，就要从实际出发，整合、优化流通渠道，缩短流通渠道，提高流通水平。要通过整合与优化，实现流通渠道关系从松散到紧密联系的转变。

具体到不同的渠道形态，整合与优化的侧重点也有所不同。对于批发零售型流通渠道形态而言，一方面要根据实际，整合批发和零售的功能，建立更紧密的批零关系；另一方面要认识到批发对当前中国农村流通的重要性和长期性，优化批发的职能，建立更紧密的产销关系。对于产销对接型流通渠道形态而言，一是要建立合理的利益分配机制，将产销两个环节紧密联系在一起；二是对农产品流通来说，要形成合理的组织体系，在单个农户和合作组织之间形成股份式的合作关系；三是需要现代化的物流体系来支撑。对自销型流通渠道形态，重点要在生产企业建立起现代的管理和营销系统、物流采购配送系统和需求信息反馈系统。

（三）农村流通渠道整合与优化的路径

一是基于生产与零售的关系对流通渠道的整合与优化。在农村流通体系运行过程中，生产者与零售分为直接、间接对接两种关系。间接对接意味着从生产到最终消费要经过批发等很多环节。而直接对接意味着在生产和零售之间建立了更紧密地联系，流通环节和时间都大大减少。实现直接对接，是对流通渠道进行整合与优化的重要路径之一。现阶段正在开展的"农超对接"、"直销"都是产销直接对接的具体形式。因此，新时期，对农村流通渠道进行有效整合与优化，提高农村流通渠道运行效率，就应大力发展"农超对接"和"直销"等，在产销之间建立更紧密地联系。"农超对接"强调了农户生产者和超市零售商之间在内在机制上关联度的统一和资源的整合，是提高农产品流通渠道效率的一种创新，有利于建立农户与零售商之间长期的、利益均衡的、稳定的购销关系，促进农产品销售。

实现产销直接对接对生产者提出了更高要求。具体到"农超对接"，农户和超市的直接对接，一方面对农户的规模和能力都提出了更高的要求。

因此，可通过组织化的形式建立起股份式的合作经济组织，由合作经济组织这个新主体与超市等零售终端进行利益的协商和博弈，"农超对接"从根本上说就应该是从事农产品生产的专业合作社与从事农产品销售的超市的直接对接，只有这样才能有效降低成本，建立更均衡、更稳固的利益关系。另一方面对超市等零售终端提出了更高的要求。相对于生产者来说，超市等零售终端对市场的需求状况更了解，因此超市应及时把相关市场信息反馈给生产者。同时，"农超对接"还对物流基础设施提出了更高要求。我国农村商品流通特别是农产品流通由于物流设施落后，导致农产品交易时间长、损耗大。数据表明，由于物流落后，果蔬、肉类、水产品在流通中的损耗率分别高达 20-30%、12%、15%[1]。因此，发展"农超对接"，还要积极发展现代物流，特别是第三方物流，包括冷链物流的发展和综合利用，形成囊括包装、分级、加工、配送在内的现代物流网络，促进农产品流通效率的提高。

二是基于流通环节间关系对流通渠道的整合与优化。流通环节间关系主要分为生产主导型、批发主导型、零售主导型以及松散型。现阶段主要农村流通渠道基本上都属于松散型流通渠道，各个环节独立完成各自的单一功能，环节与环节之间是临时性的交易关系。新时期，对流通渠道进行整合与优化，提高流通效率，可以通过调整流通环节关系来实现流通渠道缩短和流通效率的提高。基于生产主导型对流通渠道的整合与优化，是以生产企业为主导对批发、零售等流通环节进行整合的路径；批发主导型路径，是以批发企业为主导对生产、零售等流通环节进行整合的路径；零售主导型路径，是以零售企业为主导对生产、批发等流通环节进行整合的路径。具体采取哪个路径，主要根据生产企业、批发企业和零售企业的规模与实力，生产主导型的特点是生产主体规模较大或者产品具有一定垄断性，直接或间接控制销售网络，商品来源相对稳定、可追溯。批发或零售主导型的特点是批发或零售主体规模较大或者其经销网络具有一定垄断性，直接或间接控制生产环节。

基于流通环节间关系对流通渠道的整合与优化目的是实现产供销一体化，将多环节的流通渠道通过纵向一体化的形式整合、优化成一个整体。整合、优

---

① 丁俊发：中国流通业的变革与发展，《中国流通经济》，2011 年第 6 期，第 22 页。

化的方式既可以是直接控制其他环节，比如自销型流通渠道形态，就是基于生产主导型对批发、零售环节的直接控制；也可以是通过合作、联盟等方式，对其他环节进行间接控制。

针对我国农村流通主体的特点，新时期基于流通环节间关系对流通渠道的整合与优化，有两种思路：一个是针对生产、销售等流通主体规模偏小的现实，鼓励同类业务的主体进行契约式合作，开展针对农村的纵向一体化经营，以经营规模实现流通环节事实上的减少。一个是鼓励兼并重组，做强做大优势企业，使部分主体有能力向其他环节延伸。

三是基于组织管理方法创新对流通渠道的整合和优化。不同的组织管理方法和理念，形成的流通渠道和特点也常常不同。传统流通渠道下，不同流通环节、不同流通主体都过分关注自身的利益得失，而较少从整个流通渠道的角度来谋划共同利益。新时期，调整、优化农村流通渠道，可以通过一些新的组织管理方法从流通渠道整体效率的角度来考量单个主体、环节的利益，从而在不同流通环节之间建立起更紧密地利益关系。

供应链管理是当前世界范围内被广泛应用的集成管理思想和方法，宗旨是通过优化从生产、采购、分级、配送到销售等职能，将流通链条中的信息流、物流、资金流等整合起来，以消费者需求为导向，使商品以最佳的成本、正确的数量、正确的品质、在正确的地点、正确的时间进行生产、流通，最终实现消费者满意最大化与供应链整体流通成本最小化的均衡状态，以保障整体的利益来实现单个流通主体利益。从单一的流通主体和环节来看，供应链管理是指某个流通主体或环节通过改善上、下游供应链关系，整合和优化供应链中的信息流、物流、资金流，以获得流通竞争优势的管理方法。

对现阶段农村流通渠道来说，采用供应链管理，有助于推动从生产到零售各个环节从最终需求出发在考虑总体流通效率的基础上实现共同利益的最大化，在主体之间建立起一个完整的功能网链模式，建立更紧密的利益联系和风险共担的机制。当前，基于供应链管理方法创新对流通渠道进行整合和优化，主要障碍在于单个流通主体状况和流通主体之间关系的协调。因此，要一方面要努力在单个流通内部建立起供应链管理的组织结构；另一方面要努力建立一整套行之有效的供应链组织机制，在流通主体之间建立起更加紧密的合作关系，以实现供应链整体利益的最大化。

四是基于流通方式和经营业态创新对流通渠道的整合和优化。一定的流通方式和经营业态总是与一定的渠道结构相对应；不同的流通方式和经营业态，对渠道结构的影响也不同。近年来，一些现代流通方式和经营业态开始在农村商品流通中出现，对流通渠道改善起到了积极作用。新时期，整合、优化农村流通渠道，可以抓住这个契机，通过流通方式和经营业态的创新，推动流通渠道结构和效率的改善。

　　连锁经营是通过对多个经营同类商品的零售终端，实行集中采购、分散销售、规模经营，进而实现流通规模效率的一种现代流通方式，基本原则是统一采购、统一配送、统一标识、统一营销、统一价格、统一核算[①]。它通过集团化经营方式，把众多规模较小的分散零散终端统一起来，在总部、门店和物流配送实行专业化分工，一方面实现了规模经济，降低了流通费用和交易成本；另一方面将多条流通渠道集成到一起，事实上提高了流通效率；同时，将批发、采购等功能集中到统一采购、统一配送的物流平台，减少了流通环节。新时期，以连锁经营等流通方式和经营业态创新来整合优化农村流通渠道，面临的主要障碍是缺少集团化经营的主体和现代物流配送。随着农村流通主体的规模和能力的提高，连锁经营必将有着更广阔的空间。当前和今后一个时期，可选择人口相对集中的城镇和较发达的乡村，鼓励企业开展连锁廉价商店、连锁邮购、连锁仓储商店、连锁超市、连锁专业商店等连锁经营；要进一步推进"万村千乡市场工程"，鼓励大型商贸企业通过兼并重组等多种形式，在传统夫妻店、小卖部、代销点和批发部的基础上，建立"六统一"的现代连锁经营门店。

　　电子商务是另外一种新型流通方式，它通过网上平台可以实现生产和销售甚至消费的直接对接。互联网的发展为生产环节与消费环节的直接对接提供了技术上的条件，"产销一体"、"批零一体"的渠道结构可以通过这种方式出现，生产者可以越过批发甚至零售等环节直接与消费者展开网上交易活动；商贸企业也可以实现线上批发、零售和线下实体店的批发、零售多条渠道并行流通。这不仅减少了场地等流通费用，而且利用互联网的巨大人气还将分散的消费集中起来，极大地优化了流通渠道。随着城乡一体化的推进和农村信息基础

---

　　① 王晓东、吴中宝：《中国流通改革理论回顾与评述》，中国人民大学出版社，2009年版，第57页。

设施的完善，通过电子商务等现代流通方式来实现流通结构整合优化，将焕发出巨大的生命力。从农村消费的现实来看，当前和今后尤其要加强的是信用体系建设和商品交易支付方式的完善。可通过完善体制机制和要素产权市场，改革农村抵押质押和担保办法，与城市同步推进农村居民的征信系统；要发展农村金融，创新交易方式，推进现金交易、赊销、信用交易、分期付款等多种交易方式。

第三节　农村流通载体的规范与建设

　　农村流通载体包括从事农村商品交易的各类市场，如批发市场、零售市场以及期货市场等。流通载体的状况，关系到农村流通速度和质量、农村流通增值的幅度和整个流通体系运行的效率。城乡一体化背景下建立健全农村流通体系，就要从现阶段农村流通载体的实际出发，抓住城乡一体化给农村流通带来的新机遇，加快规范建设批发市场、零售市场以及期货市场等农村流通载体。

（一）农村流通载体的基本形态与特征

　　（1）批发市场。批发市场是农村批发商业的一个重要载体，是大宗农村商品交易和中小批发商集聚的重要场所，涉及产品的交易量大、覆盖范围广。批发市场按业务类型可以分为综合批发市场、专业批发市场；按与产地的关系，可以分为产地批发市场、销地批发市场，有的批发市场兼具产地、销地和集散地特征。批发市场具有明显商品和供求信息集散功能，对于降低中小批发商投资成本尤其是基础建设成本、传递市场信息等具有重要作用。

　　从目前我国农村流通批发市场建设和实践来看，这些年来，批发市场发展重新获得生机，批发市场规模不断扩大，经营环境不断改观，涌现出一批辐射能力强、现代化程度较高的大型批发市场。一些规模较大的农产品批发市场还积极拓展面向零售终端的配送业务，"农产品批发市场＋超市"等模式在城市得到了快速发展，并向经济相对发展或区域位置较好的农村延伸。北京新发地农产品批发市场，是一处以蔬菜、果品、肉类批发为龙头的国家级农产品中心批发市场，主要经营蔬菜、果品、种子、粮油、肉类、水产、副食、调料、禽蛋、茶叶等农副产品，是北京最大的农产品流通市场，承担着北京 70% 的蔬菜和 80%的水果供应。2010 年交易量 100 亿公斤、交易额 360 亿元人民币，交易量、交易额连续九年双居全国第一。

但从总体上看，现阶段批发市场还存在很多不足，还处于初级批发市场形态，难以形成大的辐射和服务能力，无法承担大规模的商品集散，制约着批发市场应用作用的发挥。一是规模小，设施建设滞后，产品的分类分级、包装、储存、检测检疫等基础服务差，标准化程度低，贮藏保鲜设施缺乏。由于软硬件基础设施落后，特别是交通运输、仓储、检测检疫等配套设施难以适应农村流通需要快速上升需要，使得批发市场能提供的服务有限，仓储损耗较大，信息反应不灵。二是交易手段落后。大多数批发市场仍以传统的现货交易、对手交易为主，代理结算、拍卖、电子商务等现代交易方式应用不足，使得批发市场效率低下，交易成本高企，市场秩序混乱。三是功能初级，主要功能限于提供交易场所，缺少现代批发市场所应有的增值服务功能、风险规避功能和管理功能，制约了批发市场的进一步发展。四是盈利模式原始，主要靠店铺租赁的简单物业管理来盈利，通过增值服务获得收益的比例较小。五是不承担流通风险，与流通主体之间的联系松散。只要存在流通行为，批发市场就能通过简单的交易场所获得一定比例的加成收入，与其他流通主体相比具有明显的无风险特征，由此导致市场与流通主体利益对立，交易常常是临时性的一次性行为。随着城乡一体化的推进和流通规模的扩大，批发市场的这种现状亟需改变。

（2）零售市场。零售市场是农村市场零售终端和农产品零售终端的重要载体，主要包括集贸市场、超市（相对于进入超市的销售商和生产企业而言）、社区农副产品市场、临时集市等。零售市场主要功能是集聚商品和销售，是与最终消费者空间距离最近的流通载体。

集贸市场是农村流通最主要的零售市场之一，是农村居民日用消费品、农产品和城市居民农产品供应的重要集散地。主要功能是为中小批零商尤其是小批零商、小商小贩提供交易场所；集聚的主体主要是小型批发零售商和小商小贩，这些主体大都兼营批零业务；盈利的模式主要是租赁场地和开展自营服务。从现阶段集贸市场的实际来看，集贸市场一般规模较小，流通设施落后，多数属于露天经营。与批发市场相比，产品的分类分级、包装、储存、检测检疫等基础服务更差，标准化程度更低，贮藏保鲜设施缺乏。

社区农副产品市场是位于社区内部或周边的农副产品市场。集聚的主体主要是小零售商、小摊贩；主要功能是为社区消费者购买农副产品、小零售商和小摊贩出售农副产品提供交易场所；盈利的模式主要是租赁场地和开展自营服务。这种载体最大的优点是距离社区较近，社区居民购买农副产品比较便利。但流通设施一般都比较落后，卫生标准、标准化程度都比较低。

临时集市主要包括在农村或小集镇定期或不定期举办的集市、城镇社区附近举办的早市等。定期或不定期举办的集市特点是临时性、地点相对固定、没有固定的流通设施，多为露天交易；集聚的流通主体主要是个体农户和小商小贩，消费对象主要是农村居民。这种临时集市符合农村居民农闲"赶集"和节庆消费相对集中的特点，也符合农产品的季节性特点。但集市管理混乱、商品质量难以保证。早市是城镇居民日常农产品消费的重要来源，符合城镇居民日常作息规律，是对正规流通载体的有效补充。特点是每天早晨举办，集聚的主体主要是小商贩和部分农户，盈利模式主要通过摊位费、管理费。同集市等一样，早市也存在质量难保证和管理混乱等特点。

大型超市既是显性流通主体，同时也具备明显的流通载体属性。超市一方面开展终端零售业务，同时对进入超市的商品征收"入场费"，并以此作为重要的盈利来源。与其他类型的零售市场相比，超市的现代化程度较高，贮藏保鲜等基础设施比较完备。从农产品流通的角度说，大多数超市都开展农产品的零售业务，同时以一定的分配形式允许生产商、贸易商进场销售，是农产品尤其是面、米、油等重要的零售渠道和载体。从工业品零售的角度说，由于大型超市在农村市场发展比较缓慢，中小超市的载体作用并不明显。总的来看，超市作为农村流通载体，具有优于传统载体相当多的优势。但也要看到，由于种种原因，超市在产品进货渠道、主体选择、分级分类和检测检疫的标准执行等方面不规范，高昂的入场费与超市所提供的服务不成比例，在相当大程度阻碍农村流通尤其是农产品流通的发展，不利于超市载体应有作用的发挥，损害了弱小生产者和贸易商的利益。

（3）虚拟载体。虚拟载体指的是在农村流通体系运行中，发挥载体功能，但没有实体交易场所和现货交易行为的虚拟载体和平台。对我国农村流通体系来说，虚拟载体主要包括期货市场和网络交易平台。

期货市场目前主要指期货交易所，它是为期货交易提供场所、设施、服务和交易规则的流通载体，一般采用会员制。交易所的入会条件比较严格，各交易所都有具体规定。首先要向交易所提出入会申请，由交易所调查申请者的财务的资信状况，通过考核，符合条件的经理事会批准方可入会。交易所的会员席位一般可以转让。期货交易的种类有限，农产品中有大豆、小麦、绿豆等。从目前来看，我国期货市场发展比较缓慢，期货市场承载的商品种类有限，很多功能还不完善。

网络交易平台是随着现代电子信息技术的发展和在一些经济较发展农村推广应用的深入，而发展起来的新型流通载体，具有"准期货市场"的性质。这类载体主要靠虚拟的电子交易指令实现商品的流通，载体能实现订单交易、挂牌交易、竞价交易、专场交易等多种模式，集聚信息和商品的能力很大。但也存在很多问题，一是在农村发展非常缓慢；二是不容易监管，投机、欺诈现象严重；三是盈利模式不确定；四是对现代物流要求比较高。

（二）农村流通载体规范与建设的重点

流通载体的落后是现阶段农村流通存在诸多问题的重要症结所在。从我国农村流通载体的形态、特征和世界范围流通载体发展趋势看，在城乡一体化背景下加快农村流通体系建设，一定要规范和建设流通载体。规范主要是要规范流通载体的盈利行为；建设主要是要加强现有流通载体的现代化建设，完善多种功能，使流通载体成为沟通城乡商贸流通的有效平台。

如上分析，无论是批发市场还是零售市场的盈利模式主要都是靠物业租赁。这种模式，一方面仅靠土地等增值来实现盈收，盈利方式粗放，盈利扩大主要土地等要素投入，不能充分分享流通收益，盈利水平难有较大提高，在不创造价值的同时增加了流通成本，拉升了物价水平，影响了流通效率的提高；另一方面，现存大多数流通载体都属于无风险的盈利行为，流通效率与载体盈利不关联，从而使得市场主体和载体之间的联系不紧密，难以发挥对市场主体的激励联动作用，使得流通载体没有动力进行相关设施的现代化改造、配套，影响到了农村流通体系运行效率的持续改善。

完善流通载体功能，是新时期建设农村流通体系的又一个重点。现阶段的流通载体的主要功能是集散功能，功能单一，载体更多体现在了交易场所方面，不利于流通体系的健康运行。新时期完善流通载体功能，应努力使批发市场、大型集贸市场等流通载体成为全面服务农村流通的多功能平台。一是商品购销平台。通过平台能实现多种交易方式的购销服务。二是信息传递平台。向平台内流通主体提供平台基础上乃至更大范围内的供求信息，引导流通主体适时调整生产、流通行为。三是商品仓储平台。提供现代、绿色、安全的仓储服务，使之成为具有商品调剂功能。特别是对于农产品，现代化的仓储十分必要。农产品生产具有强烈的季节性、分散性和周期性，而消费则有长期性、集中性的特征。产消的巨大差异，只有通过科学合理的仓储，才能实现较少损耗的调剂。四是商品质检平台。能有效地对商品进行质检、分级分类和标准化服务。五是包装配送平台。为平台内流通主体提供现代包装、物流等增值、延伸服务。

（三）农村流通载体规范与建设的路径

从国内外流通载体建设的实践看，主要由公益性和市场化两条路径。市场化路径指的是主要由企业负责载体投资、建设、运行，按市场规律优胜劣汰，盈利水平由其服务能力和水平决定；公益性路径指的是流通载体由政府投资建设，载体具有公共服务平台性质，本身不以盈利为目的。

从我国现阶段农村流通载体的形态和特征看，可适应城乡一体化的特点和推进趋势，同时发挥两条路径在规范和建设流通载体中的作用。

一是对社区农副产品市场、早市等小型流通载体应采用公益性路径进行建设。社区农副产品市场、早市等小型流通载体，具有明显的惠民性，其建设水平、盈利模式等直接关系到物价水平的高低，直接关系到小流通商的赢利水平，甚至关系到城镇居民的农副产品供应，是农产品实现价值和使用价值的瓶颈。对这些中小流通载体进行公益性建设，有助于吸引更多的商贩参与进来，丰富商品种类、提高商品品质、降低商品价格。新时期，规范建设社区农副产品市场、早市等小型流通载体应着重提高这些载体在场地环境、设施设备、追溯平台、规范管理等的标准化建设水平，逐步实现在农产品运输、储存、包装、销售等环节推行标准化管理。

二是对批发市场、大型集贸市场应采用市场化路径进行规范和建设。考虑到目前批发市场、大型集贸市场多元主体的投资现状，宜继续发挥政府投资为引导，以大型企业为主导的多元化投资模式，放开并规范市场建设的准入门槛。大型企业可以是生产企业，也可以是相关批发或零售企业。在市场化路径建设过程中，政府应逐步退出市场盈利和竞争行为，使批发市场、大型集贸市场这些流通载体实现真正的市场化运作。可以鼓励通过连锁化经营、延伸服务功能和合作等形式，做大这些流通载体的规模，加强流通载体与贸易商、物流企业、生产者合作社的合作关系和利益连接程度。要推进现有市场升级改造，改善市场场地、加工配送、冷藏仓储、预选、分级、包装、配送等基础设施条件，鼓励配套建设冷藏保鲜和流通加工设施。要支持企业改造销地批发市场，加强市场信息、质量安全检测、电子统一结算、冷藏保鲜、加工配送和垃圾处理等设施建设，全面推进销地批发市场在基础设施、管理、技术等方面升级改造，建立灵敏、安全、规范、高效的"菜篮子"产品物流和信息平台。

三是对期货市场等虚拟载体应采用政府和企业共同建设的办法加快推进。期货市场有较强的技术性，监管的任务更重，对价格形成有着重要作用，具有引导生产和套期保值等功能。应结合市场化和公益性两条路径，一方面提高期货市场对城乡流通的服务水平，加大对期货市场的公共财政支持力度，降低现货流通所引起的物理损耗和成本损耗；另一方面可通过对期货所上市等办法将这些虚拟载体建成反应灵敏的市场平台和现代化企业，推动虚拟载体持续做大。

四是多路径建设区域和全国信息公共服务平台。可采用政府投资或与企业联合投资的方式，在批发市场信息平台、集贸市场信息平台建设的基础上，支持建立覆盖城乡主要区域、全国主要批发市场和集贸市场产品产销信息公共服务平台，统一信息采集标准，强化信源、信息通道、网络设备相关基础设施建设，定期收集发布城乡流通商品供求、质量、价格等信息，引导批发市场、集贸市场等载体合理、平等竞争。

第八章

新时期建设高效农村流通体系的政策建议

　　农村流通体系建设是个复杂系统工程，在全国范围内既存在需要解决的共性问题，也存在因地区发展不平衡而引起的个性问题。党和政府、各地区各部门应该充分认识到农村流通体系建设的重要性、紧迫性和复杂性，因地制宜、因时制宜，及早谋划，从体系、主要环节、构成要素着手，不断加强政策引导和财税支持，建立流通主体间利益高度均衡、高效、与城乡一体化发展相适应的现代农村流通体系。

第一节　主要政策建议

整体来说，我国城乡一体化水平还不高，为此，党的十八届三中全会提出了"三个1亿"的目标，这为推进城乡一体化建设提供了动力。在当前城乡二元结构仍然存在并发挥着主要作用的情况下，建设农村流通体系，推动形成城乡统筹发展、协调发展的良好局面，必须在已有基础上，根据农村流通的特殊性，根据不同的农村流通特点，充分发挥市场和政府的不同作用，充分利用农村流通乃至城市流通业发展积累的力量和市场化程度，特别是要发挥政府的特殊作用，提高农村流通体系的发展水平和层次，促进城乡之间逐渐形成双向、高效流通格局，最终达到城乡一体化背景下统筹城乡商贸流通体系发展的长远目标。

（一）转变观念，统筹推进城乡流通体系建设

由于城乡二元体制等原因，"重生产、轻流通；重城市、轻农村"的观点仍未从根本上得到改变，由此导致现阶段农村流通体系建设实质上是接受城市流通体系的"传导"和"转移"。这种被动式的建设方式，是城乡流通市场长期分割、农村市场启而不动的一个重要原因。加快建设与城乡一体化相适应的农村流通体系，必须要打破这种路径依赖式的建设模式和思想观念，加大扶持力度，围绕农村、农业和农民利益，从全局、从城乡统筹的高度建立有利于农民增收、城乡一体化进程推进的现代农村流通体系。

一要站在农业、农村和农民的视角来进行农村流通体系建设。相对于城镇居民而言，农村流通体系建设，对于相对弱势的农民意义更大；相对于一些热点经济问题的探讨，农村流通体系建设，对于改变城乡二元结构、推进城乡一

体化的作用更有根本性意义。因此，城乡一体化背景下加快农村流通体系建设，当务之急要从农业、农村、农民出发，探索能够有效维护这些弱势群体、领域利益，实现更高利益均衡的流通体系。

二要将单纯的节点建设向完整、高效的体系建设转变。这些年来，我国先后开展了一系列市场工程，提高批发市场、集贸市场的现代化水平，培育大型商贸流通企业，但对提高农村流通体系运行效率作用不大，老百姓并没有从中明显获益。在某种程度上说，这些建设没有取得效果的一个重要原因就是，建设仅仅关注了一些重要节点，而没有从整体去规划、去统筹，没有在整体流通体系建设大框架下进行点的升级与改造。

三要从简单的硬件改造向软硬件配套建设转变。应当从以往重点关注批发市场、集贸市场和道路建设等简单的硬件建设，向在开展硬件建设的同时进行主体、渠道、载体的软件建设转变。要通过产供销一体化、建立产业联盟等方式，在不同流通主体间建立稳定、互惠、持续的供求关系。不仅要改造流通基础设施，积极采用冷链物流等现代化流通手段，还要有组织地优化整合流通环节，深入推广"农超对接"等流通模式。

四要实现由运动式支持向实现政府引导和市场化相结合下的自主发展转变。这些年开展"万村千乡市场工程"、"双百工程"等，由政府发动并拨付补贴资金，因为没有有效解决利益分配这个根本性问题，配送等责任主体不清晰，使得项目运行在一定程度上是政策性、运动式的，没有形成自主发展的市场化主体与机制，项目建设不具备可持续性。城乡一体化背景下建立农村流通体系，要充分考虑农村流通的特殊性质，既要充分发挥政府的引导作用，更要发挥市场化的基础性作用，宜公益则公益，宜市场化的一定要市场化，在此基础上，培养市场主体的自我发展能力和流通体系的自我完善机制。只有这样，才能通过政府引导和市场化的合力，在农村流通主体间建立稳定的利益均衡关系，提高农村流通体系运行的效率。

（二）健全制度，提高流通体系构成要素的效率

从上述几章分析知道，农村流通体系建设成效可以通过基本构成要素运行的效率还衡量。美日等发达国家农村流通发达的一个重要原因，就在于流通主体、载体及渠道等构成要素组合在一起，能够发挥效率倍增的效果；当前我国

农村流通体系滞后的一个重要原因，也在于流通体系各构成要素，不符合当前经济社会发展的水平，不符合城乡关系的发展阶段。城乡一体化的逐步推进，对流通体系要素优化，提出了更高更迫切的要求。我们应主动从制度健全出发，为提高流通体系构成要素效率、建设与城乡一体化趋势相适应的我国农村流通体系，提供良好的制度保障。

一是应进一步加强有利于提高流通主体组织化、规模化程度的制度建设。不仅要完善农民专业合作社法的具体实施细则，针对法规落实存在的突出问题，强化配套制度建设；而且要完善合作化路径、联盟式路径的具体制度安排，通过完善信用、强化利益联结等方式，提高"公司 + 农户"等产业化经营组织的履约能力和水平，提高农户和中小流通企业的组织化程度；更要从根本的体制机制改革入手，逐步完善或者以折中方式完善包括农户、流通企业的产权制度，为从流通主体上提效率建立真正的制度基础。

二是应进一步建设有利于流通渠道整合与优化的制度安排。一方面要为不同流通环节、不同流通方式间的整合与优化，消除制度和法律层面的障碍，在税收、道路、市政等方面给予公平或者适当倾斜的政策，建立渠道内部或渠道间优化、整合的顺畅机制；另一方面还要建立引导性的制度安排，鼓励发展纵向或者横向的主导流通环节，鼓励不同环节或同一环节企业间的兼并重组。

三是应进一步改革有利于流通载体规范和建设的制度安排。要从法律和制度建设上，明确政府和市场的责任。要通过改革，使政府投资进一步向公益性强、外部效应巨大的载体建设项目；使市场在竞争性、盈利性项目上充分发挥基础性作用。

同时，要不断完善流通客体的标准化建设，不断提高流通客体的质量和水平，使得流通体系构成要素的效率提高建立在坚实的物质基础上。

（三）加强规划，加大农村流通基础设施建设扶持力度

新时期加快农村流通体系建设，应该坚持规划先行。没有规划和蓝图，适应城乡一体化趋势的农村流通体系就难以形成。要从农村流通体系建设的整体出发，选择培育农村流通主体、调整优化流通渠道、规范建设流通载体。要从生产、加工、流通和消费的整体出发，树立大流通理念，科学规划省、市、县各级农产品、农业生产资料流通体系发展规划，完善工业品下乡流通的规划措

施。各地要结合当地实际，完善各地规划方案，既要反映总的要求，符合标准化、规范化的总要求，又能根据各地实际创新，充分反映地方资源禀赋优势。要明确目标责任，加强动态监管，确定农村流通体系规划、建设的主要负责同志、分管负责同志。要加强项目相关支持资金的管理与审计工作，确保补助资金真正用在农村流通体系建设之上。省、市、县各级人民政府和有关部门应在规划、建设用地以及水、电等方面出台具体的配套政策，落实农产品批发市场用地优惠政策，引导金融机构不断加大对农村流通体系建设的信贷支持力度，吸引更多资金投入到农村流通基础设施建设上，形成中央、地方和企业持续、共同加大投入的良好局面。

具体来说，一要加大对农村流通基础设施的扶持力度。要把农村流通基础设施建设纳入新农村公共服务基础设施建设和国家基础设施建设的整体规划之中，加大政府投资力度，鼓励并引导社会资金投向农村流通领域，从国家政策层面加大对农村流通基础设施建设的支持。二要加大对收购节点的投入扶持力度。一方面要继续采取措施，落实专业合作社法，提高农户的组织化程度，发展各种形式、持续稳定的专业合作社，发展集配中心、大企业基地；另一方面要拓展农村零售终端的功能，使得零售终端在满足农户农业生产资料、日用消费品需求的同时，承担起部分农产品收购的任务。三要加大对批发节点的扶持力度。要继续加强"双百市场工程"建设，充实大型批发市场软硬件改造资金，着力解决农产品"进城"和工业品"下乡"所涉及的运输、储存、包装等问题。要加快批发市场现代基础设施的建设和网络化管理，配套完善信息服务体系，形成具有较强辐射带动力的物流配送中心与配送、信息服务、技术服务平台。四要加大对零售节点的扶持力度。要加大扶持，提高农产品、农业生产资料和农村日用消费品零售节点的标准化能力、仓储冷藏能力。要继续推进"万村千乡市场工程"，努力形成具有较强自我发展能力的市场化网络，提高农家店的持续发展能力。与此同时，还要加大对物流业发展的支持力度。要从农村流通体系建设实际和城乡一体化趋势出发，科学制定城乡物流园区发展规划，从土地等要素方面予以重点保障。要通过政策，引导农村流通主体之间开展有效的兼并重组、协作与联合，从而提高流通的组织化程度。

公共信息平台等农村流通公共服务体系，是现代农村流通体系的重要载体和农村流通基础设施的重要组成部分。其建设水平直接关系到农村流通体系的运行效率。由于公共服务体系建设具有明显的"外溢性"，能让大范围内的流通主体收益，因此，政府和有关部门应该承担起公共信息平台等农村流通公共服务体系建设的重任，明确主体责任。要综合运用财税、金融等法律、政策手段，形成有利于农产品、农业生产资料和农村日用消费品双向流通的产、储、运、销配套公共服务体系。尤其要顺应城乡一体化的重要趋势，加强农村信息化建设，在大型批发市场、商贸市场等商业信息平台的基础上，进一步整合现有信息资源，建立服务广大农村生产者、流通商等农村流通主体，为农民生产生活提供服务的公共信息平台，通过电视、电话以及网络等多种信息传播方式，为广大农户和相关商贸企业提供农产品、农业生产资料和农村日用消费品的供求信息，并在此基础上建立起主要农产品、农业生产资料等供求、价格的监测体系。

要充分发挥公共信息平台等农村流通公共服务体系在农村流通体系运行中的公共平台作用，整合现有农村流通网络，实现农家店、批发市场、供销合作社和邮政企业等的"一网两用"、"一网多用"。由于城乡一体化的阶段性特征和城乡二元结构的原因，农村流通设施相对于城市一直存在着落后乃至短缺等实际问题，但同时也存在着流通资源利用率不高、作用没有有效发挥等问题，"农产品进城"和"工业品下乡"长期以来一直单向流通、单向运输。公共信息平台等农村流通公共服务体系，为城乡之间双向流通、双向运输提供了可能。以农家店为例，农家店是农村日用消费品的重要零售主体，可以利用公共信息平台等农村流通公共服务体系了解城镇居民的农产品需求信息，进行农产品收购，在进行日用消费品采购的同时把农产品运送到批发市场、集贸市场等进行拍卖、批发。这样在利用既有农村流通设施的基础上，能实现流通渠道由"窄"变"宽"，提高流通基础设施的利用率，降低流通成本，充分发挥流通对生产、消费的促进和引领作用。

（四）提高水平，加快发展农村流通现代物流配送

现代物流配送水平的高低，与流通环节的多少、流通渠道的长短和流通损耗的高低，有着密切的关系。从国外和我国城市物流配送的经验看，较高的现代物流配送水平，不仅可以有效地联系产销两地、提高商品的流通速度，减少流通环节，拓宽流通半径；而且可以对物流配送商品进行数量、质量和品种进

行有效管理。同时，现代物流配送通过向上下游衔接有助于提高流通主体的组织化程度，发挥规模经济效应，提升各流通主体的竞争力。

但要看到，这些年来，一些不适应物流业发展的政策问题不断凸现出来，制约了产业发展，制约了农村流通中物流配送水平的提高，使得物流配送在减少农村流通环节、缩短农村流通渠道的作用没有得到发挥。在农产品流通中，与农产品标准化程度低相对应，物流标准化滞后，各种物流运输方式之间装备标准不统一，运输器具标准不配套，物流设施标准、包装标准与实施标准之间缺少紧密衔接。物流信息化水平低，基于现代信息管理和产业链管理的物流信息平台还没有建立。物流的自动化水平与技术水平较低，条形码识别、自动分拣、自动跟踪系统等还比较落后，严重影响到了流通效率的提高。

在城乡一体化背景下，提高农村流通中现代物流配送水平，一定要不断完善配套措施体系。要切实减轻涉农流通企业税收负担，进一步完善涉农流通企业营业税差额纳税试点办法。要进一步统一农产品、农业生产资料和农村日用消费品仓储、配送、货运代理等与运输环节相关税税率，对用于商品仓储设施的大宗用地实行更加优惠的税率政策。要通过有效降低过路过桥费，取消不合理税费，大力推行不停车收费系统等措施，促进物流车辆尤其是涉农物流车辆顺畅通行。要在审批、财税等方面采取措施，鼓励物流设施资源整合，放宽对物流企业资质和整合的行政许可与审批限制，支持大型优势物流流通企业通过对分散物流设施资源整合提高在城乡间物流配送服务能力，鼓励中小型物流流通企业通过加强联盟合作，来提高组织规模化水平。要鼓励、引导农村流通开展专业化分工合作，发展第三方物流，在商贸企业间通过开展共同配送减少流通成本、提高流通效率，大力发展农超对接、农企对接。要推进物流技术创新和应用推广，制定、统一、推广同类商品物流标准。要切实落实鲜活农副产品绿色通道政策、物流配送车辆进城通行便利停靠政策。要加大对涉农物流基础设施的投资扶持，提高对涉农批发市场、集贸市场的财政投入和政策扶持力度，吸引更多大型物流企业从事农产品物流，积极引导金融机构通过完善服务和创新金融产品加大对物流企业的信贷支持，拓宽融资渠道。

（五）规范秩序，不断加强价格管理与质量监管

为适应城乡关系变化并能引导、推动农村流通主体健康发展和农村流通体

系有序运行，有必要进一步加强价格管理与质量监管，规范农村市场秩序和农村商品流通秩序。

在价格管理方面，一方面，要采取指令性措施规范市场主体、流通载体的收费行为，对现阶段实施的"入场费"、"过路费"、"过桥费"进行规范、整顿，对不合法、不合理、非市场性的收费行为进行清理；另一方面，采取市场性、激励性、引导性的财税政策，鼓励流通主体、载体通过提供增值服务获取更大流通收益，减少无风险的不正常的市场盈利可能。与此同时，要统筹城乡价格监测，严厉打击蓄意的价格炒作、囤积居奇等不正当的扰乱市场秩序行为；要规范期货交易，发挥期货市场在价格发现、稳定方面的重要作用。

在质量监管方面，一方面，要建立健全发挥法规，把农村市场质量监管放在与城市市场同等重要的地位，把生产、流通环节的质量监管放在与消费环节的质量监管同等重要的地位，把事前监管放在与事后监管同等重要的地位，突出农村市场商品质量的监管，突出农产品生产、流通环节的质量监管，突出整个流通过程的监管，严厉打击假冒伪劣等市场行为。另一方面，要规范、引导形成以质取胜的市场竞争格局，从生产、流通、消费等各个环节入手，制定有效竞争政策，规范农村流通主体的竞争行为，规范农村流通市场，从市场机制入手打造一个安全的商品消费环节。

（六）强化管理，为农村流通发展营造良好政策环境

为适应城乡关系变化并能引导、推动农村流通主体健康发展和农村流通体系有序运行，有必要进一步深化农村流通管理体制改革。目前农村流通秩序混乱，虽然根源在于主体之间利益的失序，但也与管理分散等有关。在农村流通管理方面，多龙治水现象明显，除了工商、质检、卫生等部门外，农村流通根据客体不同具体管理者也不同。比如，商务部门主管大部分商品，发展改革系统负责粮油等大宗农产品和重要战略物资的收储、流通以及价格监管；又如，工信部门和烟草专卖系统负责盐、烟草等的流通管理，种子、化肥等生产资料则由农业部主管或参与管理。新时期建设农村流通体系，要适应城乡一体化趋势和农村消费升级的趋势，着力强化管理，对整个流通实行归口管理，对农村流通实行相对集中负责，打破当前农村流通政出多门的局面，为农村流通发展营造良好政策环境。

第二节 结束语

当今社会，越来越多关系国计民生的经济社会发展问题，都与城乡二元结构有关，都与农业、农村和农民问题有关，都与农村流通有关。城乡一体化的提出、破题，让包括流通在内的一切问题，都有了新的思考。

建设农村流通体系，必须研究和把握中国农村流通体系各要素的基本形态和特点，这是一个既不同于发达国家，又区别于发展中国家的庞大而且复杂的结构体系。这个体系的建设不能采取单一的模式，不能依靠外来的力量，也不是某一经济形式、某一部门所能承担的，必须以系统的观念、整体的高度、发展的思维进行重新认识和把握。

应该说，城乡流通本是个难以分割的整体，尤其在城乡一体化背景下，城乡流通融合的态势更加明显。但若不跳出城市流通的视角来观察农村流通，其结果往往是站在城市流通的立场、视角来审视、建设农村流通，建设的思路和措施也自然局限于城市流通向农村的"转移"，从而在建设力度、方向和具体路径选择上忽略农村流通体系建设在农民增收中的特殊意义，忽略农村流通体系在城乡一体化发展中特殊作用。

这里把农村流通体系作为城乡一体化的一个突破口单独拿出来研究、分析，基于流通体系构成要素的效率，从农村实际和城乡一体化长远需要的角度来观察、探讨农村流通体系运行的机理、现状、问题和影响因素，提出了城乡一体化背景下建设农村流通体系的若干可能路径，对于解决今天我们所遇到的一系列与流通有关的经济问题，是一个有益的尝试。

参考文献

一、著作部分

[1]马克思:《资本论》,人民出版社,1975.

[2]马克思、恩格斯:《马克思恩格斯全集》,人民出版社,1979.

[3]诺斯:《制度、制度变迁与经济绩效》,上海三联书店,1994.

[4]林毅夫:《制度、技术与中国农业发展》,上海三联书店,上海人民出版社,1994.

[5]杜润生:《中国农村体制变革重大决策纪实》,人民出版社,2005.

[6] 宋洪远等:《改革以来中国农业和农村经济政策的演变》,中国经济出版社,2002.

[7]王盛开:《农村改革三十年:政策取向与利益诉求——改革开放以来中国共产党农村政策的历史考察与反思》,中国社会科学出版社,2008.

[8]吕一林:《美国现代商品零售业——历史、现状和未来》,清华大学出版社,2001.

[9]周其仁:《产权与制度变迁》,社会科学文献出版社,2002.

[10]舒尔茨:《改造传统农业》,商务印书馆,1999.

[11]施坚雅:《中国农村市场和社会结构》,中国社会科学出版社,1998.

[12]霍华德:《明日的田园城市》,商务印书馆,2000.

[13]谷书堂:《中国市场经济的萌发与体制转换》,天津人民出版社,1993.

[14]林文益:《贸易经济学》,中国财政出版社,1995.

[15]黄国雄:《现代商学概论》,中国城市出版社,2001.

[16]纪宝成:《商品流通论》,中国人民大学出版社,1993.

[17]纪宝成、陈甬军等:《中国统一市场新论》,中国人民大学出版社,2007.

[18]马龙龙:《流通产业结构》,清华大学出版社,2006.

[19]马龙龙:《流通产业组织》,清华大学出版社,2006.

[21]王晓东:《论市场体系建设—资源配置的制度思考》,中国财政经济出版社,2004.

[22]徐从才:《现代商品流通:转型与发展》,人民出版社,2000.

[23]徐从才:《流通革命与流通现代化》,中国人民大学出版社,2009.

[24]陈甬军:《从计划到市场:中国经济体制改革的选择》,福建人民出版社,1999.

[25]晏维龙:《交换、制度及其制度—流通结构演变理论》,中国人民大学出版社,2002.

[26]丁俊发:《中国流通》,中国人民大学出版社,2006.

[27]王微:《商品流通网络—机理·历史与模型》,中国发展出版社,2002.

[28]郭国荣:《流通先导论—建立和发展先导型的商品流通结构》,经济科学出版社,2004.

[29]张克难:《作为制度的市场和市场背后的制度》,立信会计出版社,1999.

[30]张晓山:《走向市场:农村制度变迁与组织创新》,经济管理出版社,1999.

[31]方向新:《农村变迁论—当代中国农村变革与发展研究》,湖南人民出版社,1998.

[32] 林国先:《市场化制度变迁与中国农业发展》,中国环境科学出版社,2001.

[33] 彭建强:《制度创新与市场发育——中国农村专业批发市场的形成与发展》,中国经济出版社,2004.

[34]张真:《农村市场经济体制的创建与完善》,郑州大学出版社,2004 年

[35]石磊:《三农问题的终结:韩国经验与中国三农问题探讨》,江西人民出版社,2005.

[36]洪涛:《流通基础产业论—理论与案例》,经济管理出版社,2004.

[37]盛洪:《分工与交易》,上海三联书店、上海人民出版社,2006.

[38]王月辉:《现代日本流通业》,科学技术文献出版社,2005.

[39]夏春玉:《现代商品流通:理论与政策》,东北财经大学出版社,1998.

[40]夏春玉:《当代流通理论—基于日本流通问题的研究》,东北财经大学出版社,2005.

[41]杨慧:《流通渠道的变革研究》,中国财政经济出版社 2004.

[42]阿尔弗雷德·马歇尔:《货币、信用与商业》,商务印书馆,1996.

[43]小山周三:《中日流通业比较》,中国社会科学出版社,1996.

[44]高铁生:《中国流通产业政策研究》,河南人民出版社,1998.

[45]郭冬乐、宋则、荆林波:《中国流通理论前沿 4》,社会科学文献出版社,2006.

[46]洪银兴:《发展经济学与中国经济发展》,高等教育出版社,2005.

[47] 金永生:《中国流通产业组织创新研究》, 首都经济贸易大学出版社,2001.

[48]石忆邵:《中国农村集市的理论与实践》,陕西人民出版社,1995.

[49]隋广军:《流通产业演进及其微观基础研究》,经济科学出版社,2007.

[50]JeanTirole.Thetheoryofindustrialorganization, London:TheMITpress,2003.

二、期刊部分

[1]黄国雄:论流通产业是基础产业,《财贸经济》,2005 年第 4 期。

[2]李金轩:再谈充分认识商业的地位,《中国流通经济》,2002 年第 1 期。

[3]马龙龙:我国农产品市场结构及其形成和不断强化的原因分析,《管理世界》,2002 年第 10 期。

[4]马龙龙:论城乡一体化进程中市场体系建设,《价格理论与实践》,2010 年第 11 期。

[5]晏维龙:生产商主导还是流通商主导——关于流通渠道控制的产业组织分析,《财贸经济》,2004 年第 5 期。

[6]伍山林:制度变迁的效率评价:以中国农村制度变迁为例,《经济研究》,1996 年第 8 期。

[7]蔡立雄、何炼成:市场化、价格差异与中国农村制度变迁,《改革》,2006 年第 8 期。

[8]段娟、鲁奇:近十五年国内外城乡互动发展研究述评,《地理科学进展》,第 25 卷第 4 期。

[9]章奇、刘明兴:局部性改革的逻辑:理论与中国农村市场发展和商业环境的案例,《经济学(季刊)》,2006年第10期。

[10] 邓大才:农业:诱导性制度变迁与强制性制度安排,《湖北行政学院学报》,2002年第2期。

[11] 邓大才:试论农村产业组织的变迁轨迹及其选择与创新,《经济评论》,2002年第2期。

[12]习近平:论农村改革发展进程中的市场化建设,《农业经济》,1999年第9期。

[13]张佑林:关于建设社会主义新农村市场体系若干问题研究,《商业经济》,2007年第10期。

[14] 刘天祥:加快我国农村市场结构调整之构想,《现代财经》,2001年第11期。

[15]郭冬乐、李越:转轨时期我国市场的无序和混乱的成因及治理政策,《商业经济语管理》,2001年第8期。

[16]郭冬乐:国外流通组织形式的实证分析与启示,《广东商学院学报》,2004年第5期。

[17]邹东涛、席涛:制度变迁中个人、企业、政府行为主体的经济分析,《北京大学学报(哲学社会科学版)》,2002年第2期。

[18]武力:1949-2006年城乡关系演变的历史分析,《中国经济史研究》,2007年第1期。

[19]黄侦:流通体系建构在新农村建设中的战略地位,《商业研究》,2008年第5期。

[20]黄漫宇:我国流通产业规模经济效益的实证分析,《商业时代》,2007年第8期。

[21]纪良纲、刘东英:农村市场中介组织:国内研究述评,《经济学家》,2008年第4期。

[22]程瑶、陈永正:农村市场主体发展状况分析,《农村经济》,2008年第10期。

[23]郑杭生、汪雁:农户经济理论再议,《学海》,2005年第3期。

[24]王双进、高贵如:农产品流通:市场约束与市场化改革,《粤港澳市场与价

格》,2006 年第 8 期。

[25]孙剑:我国农产品流通效率测评与演进趋势,《中国流通经济》,2011 年第 5 期。

[26]欧阳小迅、黄福华:我国农产品流通效率的度量及其决定因素,《农业技术经济》,2011 年第 2 期。

[27]曹利群:农产品流通组织体系的重建,《学术月刊》,2001 年第 8 期。

[28]张闯、夏春玉:农产品流通渠道:权力结构与组织体系的构建,《农业经济问题》,2005 年第 7 期。

[29]汪旭晖:农产品流通体系现状与优化路径选择,《改革》,2008 年第 2 期。

[30]赵晓飞、田野:我国农产品流通渠道模式创新研究,《商业经济与管理》,2009 年第 2 期。

[31] 彭远国: 提高市场的组织化程度——中国农产品市场体系发展道路选择,《中国合作经济》,2003 年第 9 期。

[32]程国强:我国农村流通体系建设:现状、问题与政策建议,《农村经济问题》,2007 年第 4 期。

[33]张如意:城乡双向商贸流通体系建设对策思考,《经济纵横》,2011 年第 3 期。

[34]李圣军:新时期农村流通体系的构建模式,《经济与管理》,2010 年第 3 期。

[35]赵玉等:中国农村现代流通体系构建,《乡镇经济》,2008 年第 9 期。

[36]姜野:我国农村市场流通问题研究,《哈尔滨商业大学学报(社科版)》,2010 年第 4 期。

[37]田毕飞:湖北农村市场体系发展现状与对策分析,《农业经济问题》,2009 年第 9 期。

[38]周爱华:流通带动型城乡一体化发展研究,《南昌大学学报(人文社会科学版)》,2008 年第 6 期。

[39]邹雪丁、王转:基于国际经验的农产品流通模式研究,《物流技术》,2009 年第 1 期。

[40] 周发明: 中外农产品流通渠道的比较研究,《经济社会体制比较（双月刊)》,2006 年第 5 期。

[41]Caskif.The theory of power and conflict of channels of distribution, Journal of marketing,1984,48（Summer）.

[42]Anrooy R V.Vertical cooperation and marketing efficiency in the aquaculture products marketing chaina a national perspective from vietnam, FAO working paper, 2003.